『自由が丘』ブランド

自由が丘商店街の挑戦史

岡田一弥／阿古真理

商店街再生
——自由が丘商店街の挑戦

遊びに行きたい街、くり返し訪れたくなる街とは何か。元気で魅力的な商店街を作るために、岡田一弥をはじめ自由が丘の人々がいかに努力し続けてきたかを明らかにする本である。自由が丘商店街振興組合理事長岡田氏の語りを中心に、他の人の証言や資料などで情報を補足する。

プロローグ　自由が丘は、日本の街の縮図である——6

スイーツの街などのさまざま魅力的な顔を持ち、住みたい街ランキングで常に上位に位置し、観光客にも地元客にも人気の街、自由が丘。しかし実は、さまざまな課題を抱え苦闘してきた街でもある。進まない都市計画道路、街の耐震・耐火問題、高齢化、そして次々と登場するライバルの街。いかに振興組合が現実と折り合い改善してきたのか。

第一章　石畳の小道がある街——13

コミュニティーマート構想から始まる街の整備事業について。その成果と課題

1 電柱がない駅南口 14
南口整備事業を中心に、いかに街づくりを進めたか。地区計画その他

2 いこいの緑道、誕生 37
緑道と南口の歴史。整備したことで生まれた放置自転車問題の解決法

3 花咲く小道 44
サンセットアレイから森林化計画まで。いこいの道作り拡大の歩み

4 駅前広場大計画 50
戦後の駅前広場誕生から、町外れであり、同時に広域商店街である自由が丘で新たに発生した悩み解決の暫定計画を出すまで、今後の可能性

第二章 スイーツの街 61
スイーツフォレストにまつわる岡田の事業の話と、街との関わり

1 お菓子のテーマパーク、誕生す 62
不動産業の岡田氏、集客ビジネスに乗り出す。土地活用の経緯。トレインチ、ヤマダ電機まで含めたマグネット効果など街との関わり

2 名店が集積する自由が丘 84
モンブラン、凬月堂、ダロワイヨからモンサンクレールまで。自由が丘を代表するスイーツの名店とその歴史

3　スイーツフォレストの挑戦　93

スイーツフォレストプロデューサーの挑戦と背後で支えた岡田。立ち上げから現在まで。日本で唯一と言っていいスイーツビジネスを展開するクオカショップの話を補足。

第三章　タケノコの村から始まった　109

そもそも自由が丘はどんな街だったのか。昭和を中心に、その歴史を紐解く。

1　文化人が集まる村　110

昭和戦前の自由が丘。衾村から東急電鉄のターミナルへ。住宅地として整備されたこと。文化人たちと街の名前の由来など

2　映画の街から雑貨の街へ　118

高度成長期から昭和の終わりごろまで。そこで果たした「私の部屋」の役割

3　女性たちが憧れる街　129

雑誌に取り上げられる街。芸能人ショップの登場。チルドレンミュージアムと岡田の意外な関わりなどを描く。

4　五〇万人を集める女神まつり　140

女神まつりは平成になると、自由が丘全体でやる祭りに拡大。スイーツフェスタも始まり、毎年報道されるように。祭りや町づくりの根幹にあるのは、熊野神社の祭礼。自由が丘に村の精神は脈々と息づいている。

第四章
屋根のないショッピングセンター 147
平成になって、自由が丘はすでに街の商店街ではなく、観光のために全国、世界から人が訪れる広域商店街になった。「屋根のないショッピングセンター」を街側、客側双方が快適に過ごすための基盤整備を、岡田が中心になって力を入れた歩みを捉える。良い街には、見えないインフラ整備が不可欠。

1 都市問題、ゴミに取り組む 148
90年代から深刻になった東京のゴミ問題。自由が丘のゴミ収集事業の開始。

2 自由が丘のカードビジネス 158
デビットカード導入とクレジットカード利用の取りまとめ。カード事業に乗り出す背景には、岡田の銀行員としての経験があった。

3 エコタウンへの道 180
自由が丘森林化計画、丘ばちプロジェクト。サンクスネイチャーバスも。

エピローグ
産学連携がつくる未来へ 192
産業能率大学と自由が丘の関わり。商店街の人が教える授業、イベントを企画し、街のスタッフとして活動する学生。ウイン・ウインのコラボが照らす未来とは。

プロローグ

自由が丘は、日本の街の縮図である

自由が丘は、全国に名の知られた東京のおしゃれタウンである。街歩き番組で紹介されることもあれば、この街にある話題の店が情報番組で紹介される。テレビドラマや映画のロケに使われる。文学の舞台になる。情報誌でも紹介されることもある。ＳＵＵＭＯの住みたい街ランキングでは、常に上位グループに入っており、雑貨やスイーツの街としても知られる。有名人が住んでいたり日常的に利用している街でもある。背後には高級住宅街が控える。若い女性たちが集い、家族連れが訪れる。全国から人が集まるだけでなく、最近全国的にふえている外国人観光客、特にアジア圏の旅行者が多く訪れる街である。

何より憧れの対象でもあるこの街が、全国の中心商店街と同じ問題を長らく抱えてきて、今も苦闘しているところだと言ったら驚くだろうか。街の人たちが自分の時間と時にはお金を使って日々奮闘し、よりよい環境をつくるための努力を怠らなかったからこそ、今の知名度と集客力があることをご存じだろうか。

自由が丘という地名は昭和初期につけられた。発展したきっかけは、東急電鉄の東横線と大井町線が交わるターミナル駅ができたことである。東急は、沿線に大学を誘致したり、田園調布をはじめ、沿線の各地に良質な住宅街を開発し、ブランドイメージを高めてきた電鉄会社であるが、自由が丘に関しては街が独自に住宅地開発を行っていたこともあり、土地の開発には手を出してこなかった。

街が位置するのは目黒区の外れで、駅の南側エリアのファッションビルのうち、桜並木のある緑道の向こう側は世田谷区に属している。区境に商店街があることもあって、目黒区や世田谷区が区の施設をつくることもほとんどなかった。

また、都心ではなくＪＲの駅が近くにないこともあり、巨大なビル群ができるということもなかった。つまり、この街には大きな資本が入ることがなかった。街の発展は、街の人たち自身が支えてきたのである。

この街がどんな課題を抱え、どのように苦闘してきたか。それを当事者の一人であり、自由が丘商店街振興組合理事長である岡田一弥自身の言葉で語ってもらおう。

自由が丘は、課題と魅力が表裏一体になっている街です。いまだ手を付けられていない都市計画道路が三本あって、そのために高い建物を建てられない場所があります。また、昭和の初めにつくられた街であるため、自動車が通行することが前提になっていない細い道、細街路と言いますが、そういう道が多い街でもあります。細い道の前にもやはり高い建物が建てられないので、小さな建物が密集する街にもなっています。

しかし、広すぎる道路があって横断し難ければ、道に面した両側の店を同時に楽しむことは難しい。自由が丘では、細街路自体があたかもショッピングセンターの中の通路のごとく張り巡らされているため、散策を楽しみながら買い物をすることができます。

大きなビルがない、JRの駅が近辺にない、屋根がある広い空間がないなど都心とは違う不利な条件が、一方で専門店ならではの魅力があり、街を探索する楽しみを提供してきた側面もあります。細街路は迷路のような要素もありますが、小さな街でありながら、来るたびに新しい発見ができる楽しみも提供してきたものとも言えます。住宅街に密着した良質な商店街の雰囲気を保ってこられたのは、この規模の小ささのおかげでもあります。

さまざまな店が並び、雑貨に洋服にスイーツにと、買い物を楽しむことができるわけですが、一方で魚屋はないし肉屋もほとんどないし、八百屋もあると言えばあるが、オーガニックな素材を売る専門店だったりするわけです。その意味で生鮮三品と呼ばれる生活必需品の店が、ほぼ死滅した商店街とも言えます。いっぽうでスーパーは三つも四つもあるので、それで街に暮らす人の需要は満たせてきたともいえます。

女性の街自由が丘、住宅街の中の自由が丘、専門店がいくつもあって売られているものの品がよい。そのような他の街にはない魅力を保つことができた一方で、この街の課題を残してきたままにしたこととつながっています。

ありがたいことに、自由が丘に店を開きたい人はたくさんいます。テナントは空きが出るとその情報が出るか出ないかのうちにすぐに埋まってしまう。そして、競争率が高いから、テナントとして貸し出すと賃料が高く取れる。今まで自分たちで店を開いて切り盛りするため、朝早くから夜遅くまで働いてきたのは何だったのか、とビルに建て替えてオーナーになった店主が考えてしまうのも事実です。そうやって、皆さんがビルのオーナーになっていったことで、跡継ぎがへっていきました。商店街で働く若い人は少なくなって、高齢化が進んできたのです。地方のシャッター通りと同じ現象です。街にもともと居る人たちについては、空洞化が激しく起きていると言えます。

それでも今、自由が丘商店街振興組合の青年部には一〇〇人ほど登録している人がいます。その多くはテナントで入っている店や金融機関などの社員です。何しろ自由が丘の商売は、テナント率が九割を超えていて、新しく流入した人たちが、その空洞を埋めてくれて成り立っているという側面もあります。

新しく入ってきた人たちのおかげもあって街は繁栄しているし、計画道路ができてしまったら、あるいは大きなビルが建ってしまったら、この街の魅力である細街路を散策し、小さな発見をする楽しみがなくなってしまいかねない。今のままでいいという考えもあるかもしれません。しかし自由が丘には強力なライバルが次々と登場しています。

同じ東急沿線の二子玉川、武蔵小杉がそれです。今までも横浜のみなとみらいができる、六本木ヒルズができる、といった大規模再開発を伴う強力なライバルが登場してきたわけですが、自由が丘のような小さな街はひとたまりもないかと思いきや、あまり変わらない自由が丘に安心感があると喜ばれたおかげで生き残ってくることができました。

しかし、例えば東急電鉄が二子玉川で、大規模な食品スーパーを含む買い物施設とタワーマンションの高級住宅と楽天という大きな企業誘致を伴う開発をしたことは、今までのライバル出現のときと違います。その中で仕事も生活も満喫できるような再開発なのです。東急電鉄自身が新しい働き方、暮らし方のスタイルをすぐ近くの街で作り出したわけです。少なくとも自由が丘には大きな企業を誘致する土地はありません。

また、武蔵小杉は強力な行政のバックアップもあるし、JRを含め八路線が通るターミナルでもあります。巨大資本がショッピングセンターをつくり、高齢化を見越してエレベーター一つで病院に行き買い物もできる環境を整えた。ほとんど武蔵小杉の駅周辺だけで生活が完結できるだけでなく、周辺から人を集めるほどの力もあります。それは自由が丘がかつてやってきたことの巨大版でもあります。自由が丘は真ん中に専門店がある商店街があって、量販店があって、生活利便施設もあって周りに住宅街があります。そのコンパクトさが、他にはない街としての魅力をつくり出して来ました。

そうなると、自由が丘で起きていた問題は最初から変わらずにあって、成功していること自体がネックになってくる危険があります。道路が狭いために大きなビルができない。商業をふやすことができない。もちろんオフィスを誘致することも難しい。「商業の総量が足りなくないですか」と私は問いかけているのですが、大きな資本がないこの街で、私たちに何ができるのか。

しかし、私たちは昔から一方的に行政に頼るわけでもなく、東急電鉄に頼りきるわけでもなく、しかし協力関係は仰いで街を整え魅力を創り出し、ここまで来たわけです。時代のタイミングがよかったなどさまざまな幸運もあったと思いますが、しかし自分たちで少しずつジワジワと街の魅力を増す努力を続けてきました。

メディアの話題にのぼるような店が自由が丘にできたり、観光客が訪れる人気の街でこれまでこられたのは、人が集まる仕掛けをしてきたからでもあります。そして、街が守ってきた気風が自由が丘を一つのブランドたらしめています。営々と積み上げてきた歴史があるのです。

私たちが何を行い、どんな結果を積み上げてきたのか。その歴史が忘却の彼方に去り、知恵として次代に伝えられることなく消えてしまう前に、記録に残しておきたいと思ったのです。

自由が丘

ⓘ 自由が丘インフォメーションセンター　授乳室・オムツ交換　B 銀行　W トイレ

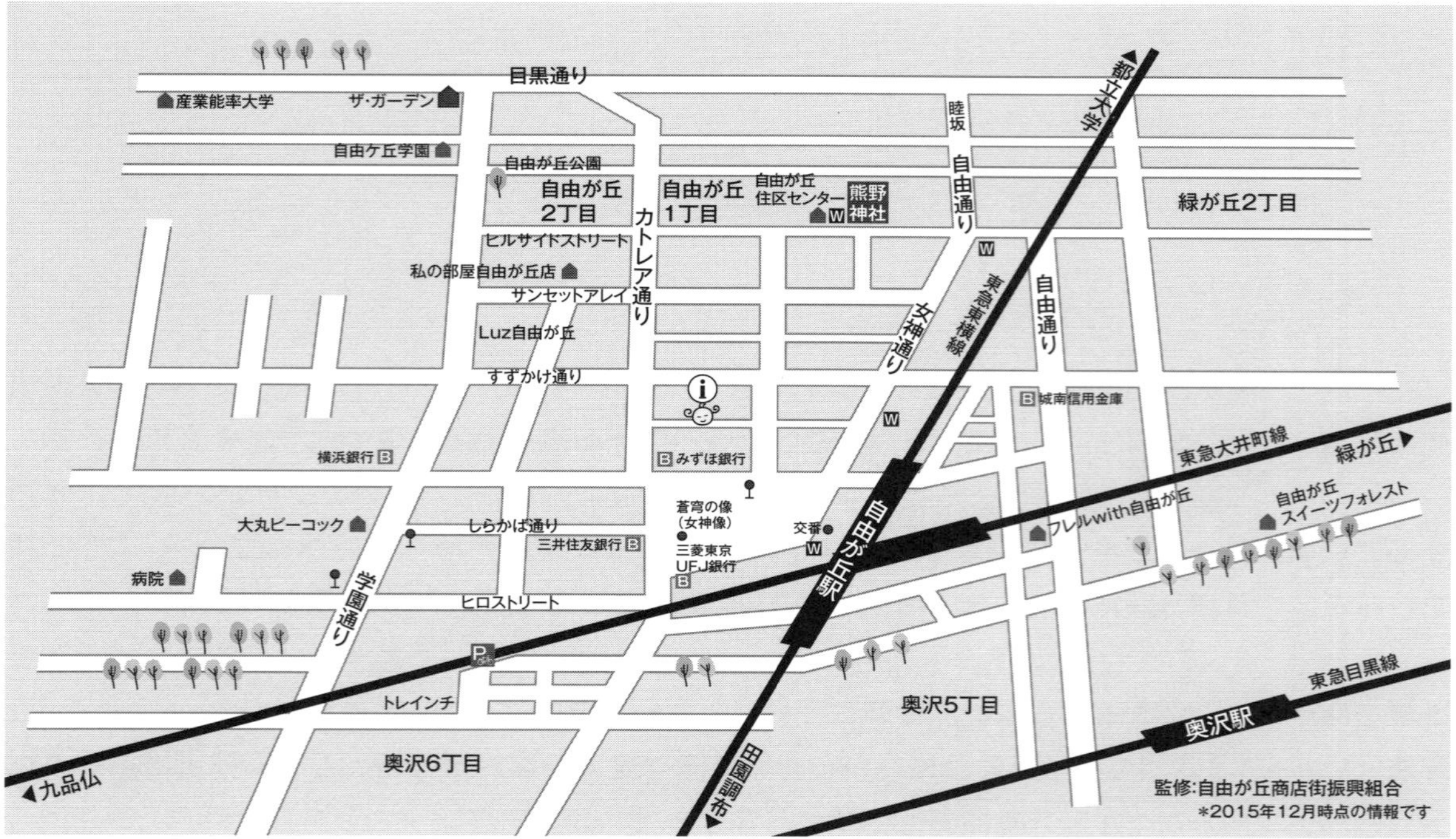

第一章

石畳の小道がある街

1 電柱がない駅南口

多士済々という言葉がある。「優れた人材がたくさんいること」を指すこの言葉がぴったり当てはまるのが、一九八〇〜一九九〇年代の自由が丘である。この時期、さまざまな要因が重なり、この街は商店街として急激に成長した。もちろんその中には、時代の追い風という幸運もあった。しかし、それだけで「住みたい街ランキング」のトップレベルを維持することは不可能だ。

自由が丘が今も人気の街であり続けるその裏には、当時街に関わり、街を愛する多くの優れた人々がいた。まさに役者が揃った、という言葉がふさわしいこの時期に活躍した人々の多くは、今も健在である。この章では、そんな街を育てた人々の物語として街づくりのプロセスを紐解いていきたい。本題に先立ち、まずこの街の概略を紹介しておこう。

住所のうえでの自由が丘は、東急自由が丘駅正面口から北側、目黒通りまで広がる地域一帯で、閑静な高級住宅街が大半を占める。しかし、私たちが一般的に「自由が丘」と呼ぶのは、東急線の自由が丘駅を中心に、東京都目黒区と世田谷区にまたがった商業地区だ。駅は、渋谷駅と横浜駅を結ぶ東横線と、大井町駅と二子玉川駅を通って溝の口駅まで走る大井町線のターミナルである。渋谷駅からは特急で七分、横浜駅からは一八分。大井町駅はＪＲ京浜東北線で品川駅の隣であり、ここから自由が丘駅までは急行で一〇分、自由が丘駅から二子玉川駅までは五分である。都心に近い住

宅街エリアに位置する、全国的に有名な繁華街の一つである。

自由が丘の街は、細い小道でつながっている。入り組んだ小道を行くと、思わぬものに出会えるのが魅力である。良くも悪くも入れ替わりが激しいので、行くたびに何か発見があることが、リピーターを産む要因の一つである。ファッションや雑貨、スイーツ他飲食店、美容院などが密集しているが、歩く人を圧倒するような巨大なビルがなく、散策を楽しめるこぢんまりした規模も、この街が愛される理由である。

この商店街を支えているのが、全部で一二の商店会が所属する自由が丘商店街振興組合である。組合に所属する店や事務所は一三〇〇軒強で、所属軒数としては日本一である。

昭和の半ば頃までは、知る人ぞ知る高級住宅街としてのイメージが強かった。駅前商店街には、私たちがよく知る和菓子のケーキのモンブランを生み出した名店、モンブランや、王貞治がプロ野球選手現役時代に「お菓子のホームラン王です」と宣伝したCMで有名になったスポンジ生地のお菓子、ナボナを売り出した亀屋万年堂、宝石や時計などを扱う一誠堂や洋服店などがあった。センスの良いものを扱う街として知られていた。

全国区で知られるようになったのは、一九八〇年代。女性誌でひんぱんに紹介されたり、テレビドラマのロケ地として使われるようになってからである。駅から少し離れたところにトップアイドルとして一世を風靡した最盛期の松田聖子の店ができて、この店を目当てにファンが殺到した。同じ頃、津川雅彦が店長を務める子供向け商品を扱うチルドレンミュージアムができ、やはり長い行列ができた。この頃、新しい店もふえ始めている。

当時の変化を目の当たりにしたのが、自由が丘駅の駅員として働いていた東急電鉄の東浦亮典である。彼は現在、街づくりを担う都市創造本部開発事業部事業計画部の統括部長として、この街に関わる。二〇〇六(平成一八)年に結成された、自由が丘で働いた東急グループ社員と自由が丘商店街振興組合で構成される自由が丘バリューアップクラブ(J・V・C)にも入っている。クラブでの話し合いが元で、自由が丘に緑をふやす試みである「自由が丘森林化計画」に東急が「みど*リンクアクション」という地域の緑化団体を支援する制度経由で支援したり、自由が丘の公式キャラクターのホイップるんを東急の電車に乗せたりといった成果が上がっている。

東急沿線で育った東浦は、子供の頃はこの街にあった映画館を目当てによく訪れており、この街を愛するファンの一人だった。一九八五(昭和六〇)年に就職して最初に自由が丘の駅員に配属されたことが非常にうれしかったという。東浦の駅員時代の思い出を聞こう。

「東急線は通勤客を中心に運ぶビジネスラインなので、あまり観光をするような場所はないのです。

でも、自由が丘駅に関しては、朝のラッシュが終わると、お茶をしたり買い物をしに来る女性客が多く降りるので、ちょっと華やいだ雰囲気がありました。当時は一部自動改札が導入されていたものの、まだ切符切りの駅員がいる時代で、改札に立っているとお客さんに街のことをよく聞かれました。『この店はどこにあるのですか』と雑誌を見せる人は多かったです。私は大学時代もよく遊びに来ていて、言われる場所が分かったので説明できてよかったと思います」

今よりコンパクトだった繁華街の雰囲気が大きく変わり始めたのも、この頃である。

「バブルに向かう頃、『え！こんな住宅地の奥に？』と驚くような場所に店ができはじめました。南口エリアも変わりました。駅員にはまかないランチが駅の中で出るのですが、僕はなるべく街に出て行っていました。すると、『あの定食が安かった中華料理屋が、こんなカフェバーに……』、『あのお蕎麦屋が……』と、どんどんおしゃれな店に替わっていきました」

変化を目の当たりにしたのは、当時自由が丘の駅長で、やはり街に関わることになる菅野信三も同じである。駅員に、「まかないばかり食べていないで街に出ていき、街の人々と関わりなさい」と指導したのは彼である。彼自身も昼食でよく街に出ており、制服姿で「駅長です」と言って、喜ばれた経験が何度もあるという。

「自由が丘まで来て『聖子ちゃんのお店はどこですか』と聞く人がすごく多くて、地図をつくってご案内したりしました。店があったのは、学園通りの大丸ピーコックを過ぎて次の角を左手に曲がったところでした」

その後、駅の西側にある商業施設、トレインチを仕掛け、現在は東急レクリエーション社長である菅野が、自由が丘商店街振興組合と最初に関わりを持ったのは、この駅長時代である。東急電鉄は当時、駅で新しいサービスをはじめようとして、東急総合サービスセンターという組織をつくり、その所長を菅野が務めていた。まずは自由が丘駅の定期券売り場を改造し、一九八七（昭和六二）年にサービスセンターをつくったのである。

実際に行ったサービスは、荷物の取り置き、東急ストアでの買い物代行、旅行業、フラワーギフトなどである。開始前年、どんなサービスが喜ばれるかをヒアリングするため、自由が丘商店街振興組合に相談したことをきっかけに、当時の理事長だった魚見秀男や、南口商店会を盛り上げた立役者である渡邊靖和などと親しくなる。特に渡邊とはウマが合い、その後も「渡邊さんに相談するとすっきりする」と思える関係を築いた。

エキナカの先駆けとも言えるサービスはその後なくなったものも多いが、自由が丘には今も大井町線大井町行きホームに旅行のサービスカウンターが置かれている。

菅野が「フットワークがいい。チャレンジ精神が旺盛で、『やってみなきゃわからないじゃないか』と前例に縛られない」と評する渡邊は、自由が丘らしさを集約したような人物である。チャレンジ精神こそ自由が丘の気風であり、前例を踏襲するより、来街者を喜ばせ街の人たちにとってためになることは何かを考え、実行する。こういう人が生まれ、あるいは支える気風が、自由が丘を全国各地から、あるいは海外から客を呼び、リピーターをつくる魅力的な街として存在させている。

渡邊は南口改札を出て目の前に建つメルサ2が入るビルの共同オーナーの一人であり、南口商店会会長を務めた後、一九九六（平成八）年～二〇〇〇（平成一二）年まで自由が丘商店街振興組合理事長を務めている。

この街における彼の代表的な功績の一つは、一九八四（昭和五九）年一〇月に駅前の通りをマリクレール通りという名前にしたこと。『マリ・クレール』は、一九八二（昭和五七）年に中央公論社（現中央公論新社）から発売されたファッション誌である。「街の基礎、方向性をつくらなくちゃいけないと考えていて、出合ったのが『マリ・クレール』だった。どういう人に来てもらいたいかというコンセプトはこれだと思った」と振り返る渡邊。南口エリアを、『マリ・クレール』を読むような知的な大人の女性が訪れる街にしたい、と中央公論社社長の嶋中鵬二社長に掛け合い、通りの名前に使うことを了承してもらった。

もう一つは、九品仏川緑道にベンチを置いて放置自転車を一掃し、憩いのエリアをつくり上げたことである。今やこの緑道はテレビで自由が丘が紹介されるときに、ひんぱんに映される場所であり、自由が丘を象徴する通りになっている。その経緯は次節でくわしく紹介する。渡邊は、平成の時代

の自由が丘のイメージを決定づけた立役者なのである。

現在のビルになる前、渡邊は第二次世界大戦末期の大空襲でも焼け残った木造二階建てのビルで、自由が丘家具センターという家具店を経営していた。一階にはスコットという当時は珍しかった紅茶専門店を入れており、一般客のほか、南口の発展を喧々諤々と語り合う商店主やその跡継ぎらが集った。家具店にはスペインなどヨーロッパの雑貨も置いていた。

南口エリアは、今でこそＧＡＰや無印良品などさまざまな洋服、雑貨の店、カフェなどの飲食店が立ち並ぶファッション街になっているが、その昔はほぼ住宅街で、その間に病院や柔道場、男女が人目を忍んで愛を交わす連れ込み宿などが点在するエリアだった。戦前戦後ともおしゃれな店が並ぶ正面口側のエリアとは商店会としての力が違う。その街を盛り上げようと渡邊が奮起したきっかけは一九六〇年代、自由が丘地域の氏神である熊野神社の祭礼で、地元の子供たちがいじめられたことだった。渡邊は言う。

「自由が丘の他の地域は、子供神輿も出していたけれど、うちにはなかった。子供たちが他のところに担ぎに行って『お前は南口だからダメだ』と断られ、泣いて帰ってきた。それで昭和三九年に南友会という若手グループが設立された。会員に建具屋さんと経師屋さんがいて、一緒に手づくりの神輿をつくると同時に、組織がしっかりまとまった。五〇年以上経った今でも子供たちに担がれている。まさに神輿は南口商店会の原点なのです」

自由が丘家具センターのビルは次第に老朽化してきたが、土地は大地主、岡田家のもので、建て替えをするのは困難だった。ところがその地主がやがて亡くなる。跡を継いだのが二六歳の岡田一弥だった。「土地は一坪たりとも売るべからず」という信念を持っていた明治生まれの先代とは異なる若い地主。渡邊は岡田に等価交換で土地を共同所有にしたうえで、新しいビルを建てる構想を持ちかけた。後ほどくわしく紹介するが、当時自由が丘商店街振興組合は、国のコミュニティーマート構想モデル事業に手を挙げようとしていて、その中の一つに「できるだけ共同の建物をつくろう、という意味の共同ビルの事業化という項目が入っていたからです」と渡邊は言う。それは、ペンシルビルが密集する街になることを避けるため、設けられた項目だった。

建て替えに際し、渡邊には当時パチンコ店などさまざまなテナントの話が持ちかけられたが、自由が丘駅前の顔となる場所のビジネスとしてふさわしくない、と断っていた。乗り気になったのは、銀座で成功したファッションビルテナント業のメルサからの話だった。建て替えラッシュだった南口エリアではすでに出店しており、さらに手を広げようとしていた。その際、二つ目のビルの候補として自由が丘家具センター跡地が挙がっていたのだ。

前職が信託銀行員で、都心のビルの証券化などに関わっていた岡田は、渡邊の堂々とした提案に感じ入り「面白い」と快諾。ビルの建て替えが始まったのである。

岡田は、自由が丘の東側エリア一帯を所有する大地主である。室町時代から続く旧家の生まれで、苗字帯刀を許された農家の先祖は代々弥兵衛を名乗っていた。江戸時代の当主は岡田弥兵衛だったわけである。

岡田家の先祖は、もともと現在の都立大学駅に近い呑川のそばに家を構えていた。水の近くは便利だからだが、水が近いことは同時に洪水に遭う危険も高いということである。そこで、江戸時代に家ごと引っ張って現在の丘の上に引っ越した、と語り継がれている。岡田家の長屋門は区の重要文化財に指定されているが、数年前に耐震補強をする際に調べたところ、「一〇〇年やそこらではない、かなり古い木材だと分かりました」と岡田は言う。

先代で亡くなった祖父は、東急電鉄が沿線に都立大学（現首都大学東京で一九九一年に八王子市へ移転）を誘致することに協力した人である。岡田が跡を継いだときの家業は、不動産賃貸が中心の岡田不動産になっていた。

岡田は、「賃貸業だから、一日事務所にいて何もやることがない。店子さんがつつがなくやってくれて、水も漏れなかった、滑った転んだもなかった。今日もやることがなかったというのが理想の一日。事務所で何もやることがないから、毎日爪を切っていて、深爪になって血が出ちゃうみたいな生活」だったと振り返る。

岡田が街に戻った一九八六（昭和六一）年当時、南口エリアはビルの建て替えラッシュが始まり活気にあふれていた。「マリ・クレール通りという名前をつけるような、珍しいコラボをしていて面白い街だと思っていた」ところへ渡邊から持ちかけられたのが、ビルの建て替えと共同オーナーになる話だったのだ。

その頃自由が丘は、中曽根構造改革の一つであるコミュニティーマート構想モデル事業に手を挙げ、街の再開発に取り組もうとしていた。これは、一九八四（昭和五九）年に経済産業省中小企業庁が発表した、商店街を単なる買い物の場から地域消費者の総合的にニーズに応えうる「暮らしの広場」へと整備する、商店街活性化のための環境整備モデル事業である。

日本は高度成長期以降、郊外に住宅地が広がって車社会化が進んでいた。郊外には広い土地を利用したスーパーなどの大規模小売店が出店をし、駅前にあった中心商店街が客を奪われ寂れ始めていたのである。つまりこれは、昭和半ばまで街の中心にあった駅前の魅力を取り戻したうえで、人と人が交流する場としてより魅力的にしようという構想だ。群馬県高崎市、愛知県名古屋市、北海道札幌市などの先行事例がある。

自由が丘がこのモデル事業として、東京都の指定を受けたのは一九九〇（平成二）年。自由が丘内では、この街を雑貨の街に育てた「私の部屋」が面したサンセット・アレイを有する駅前中央会と南口商店会が、まず手を挙げた。当時「私の部屋」の社長だった、故前川嘉男は大阪の出身だが、前身となる雑誌『私の部屋』を成功させ、日本人に雑貨を集めて生活を彩る価値観を広めた立役者の一人。

街の歴史を語るうえで欠かせない彼については、第二章でくわしく紹介する。

自由が丘は、このモデル事業で街並みを整備するだけにとどまらず、美しさを維持するために後述する地区計画を導入する。その際スポットが当たったのが、街へ帰ってきたばかりの岡田である。なぜ実績も経験もない若者に声がかかったのか。それは、信託銀行出身という彼の経歴による。

岡田が慶応大学経済学部を卒業し、跡取りとして修業するために就職したのは、東洋信託銀行（現三菱ＵＦＪ信託銀行）。そこで、不動産鑑定士の資格のために勉強している。地元に戻ってまもなく街の再開発に関わったことをきっかけにさまざまな貢献をし、二〇一〇（平成一八）年からは自由が丘商店街振興組合理事長を務めることになるのだが、彼を街づくりに駆り立てた原点が分かる話を本人に語ってもらおう。


私は不動産の勉強をするために、不動産仲介業務も行う東洋信託銀行に就職したのですが、この会社は一九五九（昭和三四）年に設立された最後発の信託銀行でした。旧財閥系の他の信託銀行と比べて基盤が弱いので、不動産のプロの育成に力を入れていて、宅地建物取引士（宅建）の資格も不動産鑑定士の資格も、全員が取れるよう勉強しなければなりませんでした。

就職すると、まず七月に行われる不動産鑑定士の試験を受けるために、一〇〇日間業務を一切しないで合宿して勉強漬けにさせられました。

来る日も来る日も慶応のビジネススクールや社内の不動産鑑定部や人事部の人が来て、授業があって試験がある。ひどいときは、三〇〇ページもある本を渡されて「明日この本について試験をやる」と言われることもあります。「都市計画法第何条」、「何平方メートル以上が許可」、「何平方メートル未満が認可」で、「この数字を丸暗記しろ」と言われたりします。河川法に道路法、公有水面法……こんな法律があるのかと驚いたりする。不動産鑑定理論に不動産建議書。お役人がつくった文章を一字一句間違えずに丸暗記して書く試験もありました。

缶詰合宿の終盤、八〇日目、九〇日目ともなると、同室の人が「耳鳴りがする」と言い出したり、スズメバチを捕まえてきて解剖している人がいたりと、鬼気迫る状況になっていました。私が乗り切れたのは、楽天家だったからでしょうね。

同期は二二人いて受かったのは一九人。受験者全体の合格率七％弱という国家試験なのにこの合格率です。落ちた三人は速やかに転職していきました。私は合格しましたが、不動産鑑定士は実務をしないと資格を取れないので、不動産部に配属されないまま退職した私は資格を持っていません。

しかし、このとき勉強した内容をまだはっきりと覚えているときに、街へ戻って地区計画の話を聞いたので「ああ、あれね」とすぐ分かった。そして街の人たちや行政の人たち、そのときからお世話になる都市計画のコンサルタント、石川忠先生などとやり取りするのが非常に勉強になったし興味深かったです。銀行員を続けないで街へ戻ったことで、机上で勉強した知識は引き出しにあるものとして終わるのかと思っていたら、すぐに真正面から使えて本当に面白かったのです。

さて、いよいよ自由が丘のコミュニティーマート構想モデル事業の内容の話へと移ろう。自由が丘の魅力の一つは、建物と建物の間の小道である。細街路と言うのだが、アスファルト敷だったこの道を歩きやすく整備することが一つ。もう一つは、正面口の駅前ロータリーの整備である。いずれも歩行者にとって使いやすく、人が集えるような空間づくりを目指す。

駅前広場については、東急線の連続立体交差事業などと絡むこともあってすぐには実現できなかった。連続立体交差事業というのは、大井町線を地下に走らせるか高架を走らせるかして踏切をなくす。高架にする場合には、東横線をさらに高く再高架化する。東急線が地面を走らなくなると広い空間ができるので、駅前はさま変わりする。当然、東急の工事と連動したほうが自由が丘にとっても都合がよいわけだ。

自由が丘に細街路が多いのには理由がある。最初にこの地域で街づくりが行なわれたのが一九二〇年代で、まだ車社会ではなかったため、道が狭くつくられていたこと。駅前の商店街は多くの地権者が所有しており、また店を持つなど、その土地の利用者は別にいる。私道もある。権利関係が錯綜する中で合意を取って再開発するのは困難であることだ。

また、みずほ銀行の横を南北に走るメインストリート、カトレア通り(補助一二七号線)と、ヤマダ電機前を東西に走るすずかけ通り(補助四六号線)、大丸ピーコックの前の学園通りの西側に併行する通称谷畑坂(補助二〇八号線)が、実は都市計画道路の指定を受けていることだ。半世紀以上前にできたこの計画はいまだ実現の見通しが立たないが、都市計画道路に面した場所の建物は構造や階数の制限がある。また、目の前の道路が狭ければ、建物の容積率にも制限があり、やはり高い建物を建てにくい。

制約がたくさんあることが、結果として高いビルがほとんどなく、空が広くて小道がたくさんあるので歩くたびに発見がある、魅力的な街を形成する結果となっていた。この小道を最大限活かそうというのが、コミュニティーマート構想モデル事業に手を挙げた自由が丘商店街振興組合が選んだ道である。

実現に向けて経済産業省から派遣されたコンサルタントは、後述するサンセットアレイの設計を手がけた故小倉和一を中心とした人々で、その中に、その後自由が丘に事務所を構えて街づくりに深く関わる一級建築士の石川忠がいた。この事業に一部お金を出す目黒区と、振興組合の間に入って調整を手伝った一人である。

南口の整備を手掛けるにあたり、街を見た石川は次のような課題を見つけ、提案した。

「私が視察して、街の人たちに申し上げたのは化粧落としをすることです。看板がいっぱいあって、電柱がいっぱいあって、ぐちゃぐちゃした感じになっていました。無電柱化をし、看板も整理しましょう。コミュニティーマート構想モデル事業では無電柱化に取り組み、看板はその後の地区計画で取り組みました。

でも、その話をして数年後にいよいよ事業が実現するとなったとき、渡邊さんたちは、『道路に敷く舗石を選んでください』とサンプルを持ってきたのです。『そうではなくて、無電柱化と言ったじゃないですか』と返すと『そんなことできるわけがないでしょう』と言われる。確かにおっしゃるとおりなのです。通常は国道など歩道が広いところで行いますから。しかし、目黒区は都市計画の表題に『無電柱化を進めます』と書いていたのに、区道では一回もやっていなかったのです。だから、『最初に手を挙げればできますよ』と言いました」

すると、渡邊ら南口商店会の人々は、本当に無電柱化実現に向けて動き出したのである。マリ・クレール通りは幅が六メートルしかない。その狭い道での無電柱化の実現が難しいのは、理由があった。電線を通る高圧の電気を使うには、電圧を下げなければならない。その変電装置をトランスと言う。電信柱の上のほうにぶら下がっている塊である。無電柱化するとなると、このトランスの置き場が路上になる。広い歩道があれば、トランス置き場を設けられるが、歩道を別に設けられないマリ・クレール通りでそれは困難である。

しかし、この街の人々は実現のために自分たちの土地の一部を提供し、自己資金も用意したのである。この顛末を知る岡田に話してもらおう。

「コミュニティーマート構想モデル事業の最初は、ハード整備から入りました。道路を石貼りにするために出る補助金は国が三分の一、目黒区が三分の一で地元負担が三分の一です。電線の地下埋設については、実は見苦しいし危ないから、事業を始める前の一〇年間ぐらい、東京電力や当時の電電公社（現NTT）に交渉していたのです。道が狭いこともあって実現は難しかったのですが、自由が丘がコミュニティーマート構想モデル事業の対象になったことで、NTTと東電が『そういうことであれば、この地域は特別なのだから、協力も必要ではないか』と変わり、地下埋設の費用も出してくれることになりました。

なぜそれまで実現が困難だったかというと、五〇メートルごとに必要なトランスの置き場に困るからです。本来は、両側に歩道が幅二メートルぐらいあって、六面全部点検する作業に必要な引きがないと電力を安全供給できません。

しかし、せっかく自己負担があっても道路を石貼りにしようと盛り上がっているのだから、何とかできないだろうかと考えた私たちは、敷地の中にスペースが取れそうなところや、引きがあるビルなどに話に行って、なんと皆さんが無償で土地を提供してくれることになりました。メルサ2と道を挟んで隣りにある当社所有の岡田ビルの前にも置いています。東急電鉄さんも協力してくださることになり、マリ・クレール通りの看板の裏やガード下のボードの裏側にもトランスが入っています。その結果、一六カ所のトランス置き場を確保して無電柱化が実現しました。

電線の埋設を含む街路舗装工事をしたのは、一九九〇（平成二）年〜一九九二（平成四）年です。電柱がなくなると街路灯も立てなければならないので、オリジナルデザインのものをつくり、バナー（垂れ幕）も下げられるようにしました。

これはその後の話なのですが、マリ・クレール通りがせっかくきれいになったのに、東急の高架下が暗いと汚いという話になり、東急電鉄に「街の負担でガード下側壁の修景をするから認めて欲しい」

と相談しました。本来なら、街が電鉄所有の高架下を利用するならそれなりの賃借料をもらわないといけないのですが、東急さんもギリギリの判断をしてくださり、現実的な維持管理費の中で壁を維持できるよう協力してくださいました。そして、われわれも街にある店の広告しか置かない約束をしています。

さらにその後、緑道へ続く高架下も壁面に絵が描かれ、美観が整えられました。それは二〇〇六(平成一八)年に東急の商業施設、トレインチができるときの話になるのですが、東急電鉄さんが率先して作業し美しく整えてくださったのです。

緑道の高架下については、当時東急電鉄のエリア開発部長をしていて街づくりを行った菅野が音頭を取って実現した。菅野は言う。

「みんな本業を持っている中で、手弁当でペインティングをしてくれた。それは自由が丘の街に魅力があったから。街に関わる一員になれる。一生懸命作業した課長さんたちが、それがきっかけで街をよくするための自由が丘バリューアップクラブができました」

コミュニティーマート構想モデル事業の話に戻る。補助金が出るとはいっても街の負担も大きい南口の整備ができたのは、特別な理由があった。

まず街路灯や街路の整備ができた裏話である。

自由が丘駅は昔、正面口しかなかった。だから裏側に当たる南口側にはあまり商店ができず、連れ込み旅館ができたりしていた。それはそれで黒壁の情緒ある建物で、映画のロケに使われたりもしていたのだが、大勢で賑わう正面口側と同じようには発展できなかったのである。

駅に南口ができたのが、一九六五（昭和四〇）年。一九八一（昭和五六）年に東急ストアができたあたりで、周辺の建物が老朽化する時期に入っていたこともあり、建て替えラッシュが始まる。建て替えの最中には隣の建物に迷惑がかかる。そこで、このエリアはもめる原因を避けるための積立金を出す仕組みをつくっていた。言い出しっぺは渡邊である。

「ビルに建て替えるからと、隣に二〇万円だ、前の家にいくらだ、と払わないといけない。今回は迷惑料をもらっても次は自分が取られる。そんな馬鹿げたことは辞めよう。でも街に迷惑がかかることは事実だから、そのお金は街の積立金にしましょう。という話をして制度ができたのが、東急ストアができた頃です」

ビルの規模に応じて南口商店会にお金を払う。隣同士で「やった」、「やられた」はなしで、商店会が仲介する。そういう地道に積んでいたお金が結構貯まっていて、街路灯などをつくることができました。

次に、石貼りの街路舗装工事ついては、自己負担分のほとんどを借入金でまかないました。南口にある国民銀行（現 八千代銀行）自由が丘支店が全面的に協力してくれて期間一〇年で一億円以上の借入を行いました。この返済については、道路に面している建物の敷地を所有している地権者が間口割で分割返済していきました。地権者はかならずしも商店経営者ではなく、いわゆる地主の人たちも多いのですが、街の価値を高め、お客様に喜ばれる街になるのであれば、とほぼ全員が同意し、莫大な資金協力をしてくれて実現したのです。

せっかくつくった美しい街並みも、しかし年月とともに劣化していきます。この環境を維持し、あわよくばさらに良くなる方向へ持って行きたいという話が持ち上がりました。そのときに相談した相手が目黒区の都市整備部及び石川先生でした。

街に関わる法律と言えば都市計画法がありますが、街並みを維持する細かい規則までは決めきれません。都市計画法は、国民の生活の利便と安全と衛生、生活の向上について、都市の構造をどのようにするか決めた法律です。そして個別の建物の強度や安全性、快適性、衛生について決めるのが建築基準法です。それぞれの街が持つきめ細かい約束事を決めるものは、地区計画と言います。

こういう制度があると知り、ぜひやろうとなったときに、街の人は畑違いの専門用語が並ぶ法律だから分からないのです。そこで、私が元信託銀行員で理解できるから、と声がかかり、石川先生と一緒に南口の地区計画の内容をつくることになりました。

実施するに先立ち、南口商店会で横浜の街を観に行きました。元町や馬車道、伊勢佐木町には地区計画があったからです。

元町は、商店街の真ん中を走る道路をくねらせて車がスピードを出せないようにしていたり、街路灯に灰皿をうまく組み込んでいたり、バナーがかけられるようにしてある。チャーミングセールという街のセールをやるときは、除外品をつくることは許さないし、地元にあるフェリス女学院と組んで、歩行者天国のときの車の交通整理を女子大生がやっていました。さらに、ビルの壁面を凹ませて犬の水飲み場をつくることまでしていた。このゆとりというか余裕には、正直に言って「やられたな」と思いました。

ハードの整備のレベルも高ければ、皆の取り決めもできているし、行政とも関係がよく横浜銀行も全面支援している。目からうろこが落ちました。

イセザキモールはその後、横濱カレーミュージアムができて私は再び見に行くことになるのですが、当時はまずアーケードを取るという決断をしていたのです。街の人たちは「伊勢佐木町に雨が帰ってきた」と言っていました。不用意にハードを整備しない、ということをここでは教えてもらいます。また、逆に道路にまで店が商品を陳列して歩きにくくなっている街にも行き、反面教師にしました。

もちろん一足飛びに元町商店街のようにはできない。しかし、地区計画には皆が参加しなくてはいけないと思いました。みんなが参加できる形にするために、街の魅力と課題を話し合い、思いつく限り全部洗い出して元町との比較表をつくりました。

もちろん、議論したことのほとんどが地区計画という法律に基づく取りきめにできるとは限らないことも分かっています。しかし、これは将来に結果を残す千載一遇のチャンスだと思ったのです。皆がやる気になっているときに、地区計画の守備範囲も超えて全部課題を出して、データベースを財産として残すべきだ、と思いましたから。

南口エリアには道路幅がないから道を蛇行させるのは無理だけど、歩道としては緑道があって幅がある。あれは財産だよねという話が出ましたが、後はダメなことばかりでした。違法駐輪も最重要課題の一つだと出てきました。道を広く見せるにはセットバックというビルの壁面後退の方法がある、という話も出ました。一つ一つをその後解決していくわけです。

南口には正面口のようなロータリーのスペースがありません。道路に引きがなく、改札を出たらいきなり細街路のある街に出る。これをディズニーランドに例えました。ディズニーランドは、入るとまず広場があり、それからワールドバザールがあってミッキーやミニーがお迎えをしてくれて、Ｔｈｅディズニーランドとも言えるおみやげ品がいっぱい売っていて、風船を吊るしてあったり音楽が鳴っていたりして、にぎやかなところを通過して中に入る。いきなりそこでバーッとお客さんの気持ちを持っていく。

南口は、駅からゼロ分でいきなり女性の街、マリ・クレール通りらしくなくてはいけない。そう思わせるには何が必要なのかを考えよう。そして、街の人たちには、この街が全部自分の持ち物だとすればどうしたいかを考えて書いてみましょう、と言って議論しました。

そうやって決めたのが地区計画とそれらを補う街づくり協定です。たとえば、基本的に建物の道路面は半分以上がお店か開放空間でなければダメで、壁が必要な場合はショーウインドウをつくってくださいと決めました。また、建て替えの際にセットバックすることや業種の規制などを行いました。

女性の街ですから風俗関係はダメです。その他ゲームセンター、カラオケボックス、ホテル、病院もダメとしました。細かいところでは地下一階、地上一階、二階はクラブ、バー、キャバレーもダメです。街に降り立って視界に入るある程度の角度のところに風俗系が目に入らないようにしたのです。

敷地の分割制限もしました。もちろん建て替えられない既存のビルは、財産権を侵害しますから了承しますが、新しく建てる場合はペンシルビルにしない、敷地面積は一五〇平方メートル以上にする。そのようにして南口の地区計画ができたのは、一九九四（平成六）年です。前後して他のエリアにも地区計画ができ、街が整備されていきました。

このときに始めた街づくりの構想が、やがて商店街の振興組合でできる範囲を超えた結果、街並み形成委員会という専門家集団がバックについた街づくり専門会社、株式会社ジェイ・スピリットが誕生した。渡邊や岡田はもちろん、石川もこのメンバーとして関わり、岡田の言葉を借りれば「じわじわと街の細かい表現がよくなっていっている。地を這うような取り組みで景観がよくなってきています」。ジェイ・スピリットのアドバイスを受けて当初の計画を修正して建てられたビルは、すでに一〇〇棟ほどある。

ジェイ・スピリットがまとめた「街並み形成指針」によると、建築物は、周辺建築物との調和や道路の開放性に配慮すること、デザインや材料・材質も景観との調和に配慮する、壁面後退をするなど、住宅街にまでまたがった方針が細かく決められている。

コミュニティーマート構想モデル事業に手を挙げた自由が丘は、単に補助金を使って道路を整備するだけにとどまらず、この事業をきっかけに、気持ちの良い街づくりを始めた。

街としての課題は山積している。街の人たちだけでは手に負えない課題もある。しかし、自分たちでできること、協力を求められることであれば実行に移す。前例がなくてもやる。むしろ最初に手を挙げて行動することで、どこにもない魅力的な街をつくっていく。そのような街づくりを自由が丘は始めた。そして、そのことが可能になったのは、昭和の終わりから平成にかけて、多士済々の役者が揃ったからだった。

2 いこいの緑道、誕生

現在、自由が丘の顔の一つになっているのが、南口側の九品仏川緑道である。テレビ番組などで自由が丘が紹介される際によく映される、桜並木が美しい道。ベンチには老若男女が集う。子供たちが遊び、カップルがデートしていたり、仕事中らしき男女がつかの間の休憩を取っている。お年寄りがのんびりくつろいでいる。さまざまな年代の人々が憩うこの場所が生まれた経緯も、いかにも自由が丘らしい。

九品仏川緑道という名前から分かるように、この道はもともと川である。九品仏川は、目黒区北部および世田谷区の低い窪地に水源を持つ小さな流れが合流してできた呑川の支流である。呑川は目黒区の八雲、中根、緑が丘を通って大田区に入り、石川、雪が谷、池上、蒲田を通って東京湾へ注ぐ。東急線で言えば東横線の都立大学駅周辺から大井町線を経由して池上線に添って流れていくもの。緑が丘から北側は現在埋め立てられて散歩道になっている。

九品仏川は自由が丘の隣にある九品仏浄真寺あたりに水源があり、自由が丘の南口エリアを流れて、緑が丘あたりで呑川に合流する。現在はすべて暗渠化されているが、昔は九品仏浄真寺の近くに九品仏池があった。埋め立てられて住宅街になったこの池には昔、ボートが浮かべられ、子供たちがザリガニ釣りをして遊ぶ場所になっていた。自由が丘、緑が丘の桜並木があって蛇行する小道が、この九品仏川の暗渠である。

九品仏川の土手には、両岸に桜が植えられていた。自由が丘で育つ子供たちはこの川で遊んでいた。桜の木でセミ取りをしたり、ザリガニ釣りをした子もいる。土手はけっこう高さがあったのだが、運動神経に自信のある子供は、川へ飛び込んで遊んだりもしていたらしい。一九三九（昭和十四）年生まれの渡邊靖和は、『ターザン』という映画が公開されて流行ったので、桜の木に紐を括りつけてターザンごっこをしました。魚も蛙もたくさんいて、それはもうきれいでしたよ」と子供時代を振り返る。

しかし、工場が立ち並び、自動車がふえ、公害病が多発した高度成長期。東京都心からも沿岸部の京浜工業地帯も近い自由が丘が、大気汚染や水質汚染から逃れることはできなかった。一九五八（昭和三三）年生まれの岡田一弥は小学生時代、天体望遠鏡を買ってもらって星を見ようとしたが、汚れた空へ望遠鏡を向けても「月や明るい星が何個か見えるだけ。星は見えない時代でした。地方へ遊びに行って、満天の星が見えたときには感動しました」と話す。

世代が替わるにつれて九品仏川緑道をめぐる体験も変わっていく。一九七〇（昭和四五）年生まれで古書店西村文生堂を営む西村康樹の時代になると、川は汚染されて「ドブ川」と呼ばれるようになっていた。まもなく暗渠化される川端は暗く、連れ込み旅館が立ち並ぶため、「このあたりは大人から『歩いちゃいけない』と言われていました」というような場所になる。

この時代、東京の多くの川が汚染され、埋め立てられたり暗渠化されたりした。九品仏川も一九七四（昭和四九）年には、コンクリートで固めたボックスカルバートという方法で土管に流れを通す暗渠にされる。地面の上は世田谷区の公園緑地課の管轄で公園緑地として整備されるが、植え替えられた桜の下の小道は細く蛇行していて、ベビーカーも入れることができないほどだった。その意味で、緑道は生まれたがまだ憩いの道にはなっていなかったのである。

九品仏川緑道は、左右の道を合わせて一一メートルの幅があるが、自由が丘駅寄りが目黒区、反対側が世田谷区の管轄の区境に当たっていた。しかし、自由が丘商店街振興組合は、コミュニティーマート構想モデル事業をよい機会と捉え、この場所も整備するのである。

このとき、南ブロックショッピングモール整備事業で世田谷区側の街並みも計画として考慮されていたため、世田谷区もオブザーバーとして推進委員会に参加していた。実は緑道沿いの世田谷区側、奥沢五丁目は南口商店会より早く、一九八九（平成元）年には「奥沢二・五丁目北地区計画」を決定している。当時は遊歩道の世田谷区側は住宅街になっていた一方、自由が丘側が商業地区として発展し始めたので、その断裂を直す意味もあった。奥沢地区は、一九八六（昭和六一）年から自由が丘商店街振興組合に入っている。

そして、緑道を再整備することが決まる。緑道の整備と地区計画については、目黒区・世田谷区それぞれの行政の支援・協力と奥沢地区協議会との連繋が要であったことも、特筆すべきことである。

このとき、目黒区側のコンサルタントとして参加したのが、石川忠である。当時の緑道は目黒区側と世田谷区側で高低差があって、この段差をどのように処理するかについて、意見が分かれた。石川は言う。

「私の提案は、『とにかく平らにしましょう』ということでした。世田谷区側のコンサルタントは、段差が逆に面白いというせせらぎをつくる案を出してきました。世田谷区、目黒区、地元で話し合った結果、『緑道ショッピングモール』として、両側商店街同士が行き来しやすいように平らにする案がよいとなった」

南口商店会のリーダーでモデル事業の再開発委員長だった渡邊は、「緑道の目黒区側のほうが低くて奥沢地区のほうが高かったのです。それで特に石川先生ががんばってくれて、それを平らにすると決まりました。工事の際、奥沢側の高さをだいぶ下げて、歩道と緑道の中を柵で分けていたのも、全部取っ払って平らにしました」と話す。緑道の歩道整備は、マリ・クレール通りの整備と同時に行われ、一九九二(平成四)年一〇月に完成。桜並木も植え替えられ、この二つの通りで電柱も地下に埋設された。

しかし、歩きやすくなったと同時に、この場所には放置自転車がふえるという結果を招いてしまう。自由が丘は、東横線と大井町線が交差するターミナルであり、周辺の住宅地を走る東急バスのターミナルでもある。

実は自由が丘周辺には、世田谷区深沢地区など徒歩では駅から遠い住宅街が広い範囲で存在する。また、徒歩で最寄りの駅から電車に乗るより、自由が丘まで自転車で来て東横線に乗ったほうが便利という地域もある。もちろん、自転車なら近いというエリアから自由が丘に遊びに来る人もいる。そういう近隣だが歩くには遠い地域の人たちが、自転車で街を訪れたついでに緑道に自転車を置いていく。またいらなくなった自転車の捨て場所にもされたと思われる。

現在はトレインチの地下に駐輪場があるが、当時は自由が丘駅周辺になかった。もちろん、自由が丘商店街振興組合も、「駐輪場が欲しい」という住民の声を知らなかったわけではないし、無視したかったわけではない。緑道を整備する際に、石川も小規模でよいので駐輪場を、とも提案している。しかし、この場所が公園という位置づけであることから、区側から却下されてしまった。

自由が丘では一九九四（平成六）年、北は熊野神社が面したヒルサイドストリートから南は九品仏川緑道、東は花きゃべつと城南予備校の間を通る自由通り、西は大丸ピーコックやモンサンクレールが面した学園通りまでの範囲を、放置自転車禁止地区とした。しかし、それでも近隣住民側のニーズがある以上イタチごっことなっていた。

放置自転車があると来街者が歩きにくく危険である。美観も損なわれる。せっかく桜並木の美しい石畳の歩道を整備しても、これではその景観が台なしである。ここで行動を起こしたのも渡邊で、何をしたかというと桜並木の下にベンチを置いたのである。

「緑道には千数百台も自転車が置かれていました。でも、自由が丘全体で行う女神まつりや南口商店会で行うマリ・クレール祭りなどのイベントでは、その場所だけ全部撤去するわけです。テーブルや椅子を置くと皆さん楽しんでいる。その姿を観るうちに、四六時中こういう状態でありたいね、と理想を持つようになり、いろいろなことをやってみる中である日、椅子を置いてみました。すると、椅子の前には自転車を置かないのですね。この方法がいいのではないかと考え、すぐ注文を出して椅子をふやしました」

写真を見ていただくと分かるように、この椅子がおしゃれなのである。何しろもともとが家具屋である。渡邊はイタリアのデザインで東南アジアで生産した椅子を輸入しては置いていった。もちろん行政側は黙っていない。

「公園なのだから私物は置けない」

「そちらでベンチを置いてくれたらいい」

「それは簡単にはできない」

「ベンチならうちで買うから」

「私物は置けない」

「ならば、自転車がダーッと並んでいる姿と、ベンチを置いて自転車が全部なくなって、皆さんが本当に公共空間を楽しんでくれている姿と、どちらを観たいですか?」

「そりゃ楽しんでくれたほうがいい」

押し問答の末、奥沢地区の地区計画をつくる際に関わった世田谷区議の協力を得、一年契約で暫定的にベンチを置いてよいことになった。その後は一〇〇台近くのベンチを導入。世田谷区の協力を得て、区内の土地にベンチを一時保管してもらえることになった。その後、自転車を撤去し、世田谷区がベンチを運んできて南口商店会が据え付ける。ベンチの購入費用は南口商店会や緑道に面するビルのメンバーが負担し、世田谷区に寄付したのである。

この自治精神、能動性が自由が丘らしさである。この後、自由通りの東側の緑道が、岡田の資金で整備されていくことになるのだが、その話は第二章でくわしく紹介する。

3 花咲く小道

自由が丘のコミュニティーマート構想モデル事業は、単に国から補助金をもらって通りを整備しただけには終わらなかった。せっかく整えた街並みを維持するために、地区計画を導入し、その後も街づくり会社ジェイ・スピリットをつくり、より美しい街へと変身するための試みを地道に積み上げていく。街のよきパートナーとなったコンサルタント、石川忠は次のように振り返る。

「コミュニティーマート構想モデル事業で、皆さんが大人の女性のお客さんにとってよい街をつくりたい、というスローガンを掲げたわけですよね。中には当然反対の人もいたけれど、リーダーたちは押し切ったのです。建物の壁面を後退させるセットバックを掲げたこともそう。広場は誰かが土地を供出してくれないとできないし、お客さんに少しでも歩道をゆったり使ってもらうためには、セットバックという手法しかない。

よく覚えているのは、岡田さんが『やるならすっきりやりましょう。中途半端ではなく』と言ったこと。岡田さんみたいな地主は、基本的にそこを建物として使えないから損をするわけです。それを渡邊さん、岡田さんなどのリーダーたちが我慢したり、他の人を説得したりした」

渡邊・岡田コンビで実現した南口の整備の前に、完成したのが正面口側の奥にあるサンセットエリアだった。駅正面口北側の細街路の奥にあるこのエリアは、もともとは住宅街。おしゃれな店が立ち並ぶエリアになったのは、一九八二（昭和五七）年に「私の部屋」ができてからである。

この店の創業社長で、サンセットエリアのリーダーであり、二〇〇〇（平成一二）年〜二〇〇三（平成一五）年まで自由が丘商店街振興組合理事長を務めた故前川嘉男は、「開店時はさみしい小路でした。しかしはずれた立地こそやりがいがある、と考えました」と述べている。「私の部屋」進出をきっかけに、「地主さん達が次第に貸しビルにしたいという気持ちになられ、私のところに相談に見えるようになりました」という。

道を協力して直そうと盛り上がったところに、コミュニティーマート構想の話が持ち上がり、立候補したという経緯があったことが、一九九一（平成三）年一月一〇日発行の自由が丘新聞第四五号に記録されている。店の前の通りのサンセットアレイという名称は、「この小路は夕陽がきれいだから」と言った地主がいて、前川が「サンセット」＝「夕陽」、「アレイ」＝「小路」と名付けたものである。この小道に、「中世のヨーロッパを思わせる石畳を一帯に敷き、その雰囲気とマッチする石造りの建物『セザーム』や、ベネチアの街並をイメージした『ラ・ヴィータ』を配するなど、芸術的、文化的街並の構築を目指した」と、『自由が丘商店街振興組合50周年記念誌』にはある。工事が完成したのは、一九九二（平成四）年七月である。

おしゃれな店とおしゃれな石畳。絵になるこの道は、テレビドラマなどの撮影でひんぱんに使われ、ますます人気が高まる結果となった。

もともとフランス文学の研究者だった前川の強いリーダーシップのもと、街を整備したサンセットエリア、コンセプトを明確に掲げて街を引っ張った渡邊・岡田のもとで整備が始まった南口エリア。どちらもコミュニティーマート構想モデル事業だが、実は自由が丘には自治体や国のサポートなしに街並みを整備した事例がすでにあった。それが、ブールバール街である。

駅正面口から、東方向へ線路沿いに立ち並ぶ、闇市から発展した自由が丘デパート・サンリキ・ひかり街と車道の女神通りを挟んで店が立ち並ぶ商店街に面した歩道。これはもともと、ブールバール街で店を開く銀座会の協力で生まれたものである。ブールバール街は、宝石・時計などを扱う一誠堂やケーキのモンブランを考案した元祖の洋菓子店、モンブランなどの老舗が並ぶ通りである。

この地区の人たちが正式に「自由が丘銀座会ブールバール街建築協定書」を結んだのが一九六七（昭和四二）年九月。これは、地権者が快適な歩行空間を確保するため自主的に街づくりに関する協定を結んで実施してきた幅一・五メートルの小道を確保するセットバックを、目黒区建築協定第二条に基づく協定書として整備したものである。

その内容には、壁面を後退させてバリアフリーのために入り口の高さを道路に合わせるほか、性風俗関係の店舗、ゲームセンターを含む麻雀、パチンコ、射的場、馬券売り場、ホテル、金融業などの出店を禁じるなど、後に南口が地区計画で取り決める内容と共通する内容を含んでいる。規定に違反した最悪のケースでは、裁判所へ提訴される場合もあるという非常に厳格な規定となっている。

そして、この試みはやがて目黒区を巻き込んだ道路整備にまでつながる。二〇一〇（平成二二）年四月に、女神通り約八五メートルのセットバック歩道の拡張工事が完了した。歩道幅が広くなり、二・五メートル幅になる。敷石はブルーがかったものと視覚障害者用の黄色いガードも置いて美しいコントラストを成すもので、視覚障がい者、ベビーカーや車いすの人など、さまざまな人に便利なようになっている。四〇年あまりの歳月をかけて更新された道の誕生について、岡田は次のように語る。

ブールバール街では、昭和四〇年代から皆さんで相談し、店を建て直すたびに一階壁面を後退させて歩道をつくりました。老舗の皆さんが話し合って、一番商売したい場所のはずの一階を後退させる。これが偉大なのです。あるところまで実行する店がふえてくると、乗り気でなかった店も、今度はみっともなくて出していられなくなる。そしてとうとうあのような歩道ができたのです。

目黒区が、自由が丘には中目黒の大橋ジャンクションのような巨大な投資はしていなかったけれど、しかし一定の投資はしてある程度の形をつくることは必要だ、となって行われたのが、ブールバール街の歩道を広げてバリアフリー化することでした。

ブールバール街は今も話したように、地区計画制度が街になかった昔に、皆の紳士協定によって一階部分を削るという奇跡的なことをやってのけた。しかし、このときにつくった歩道の一・五メートルの幅は、ベビーカーを押したお母さん同士がすれ違うにはちょっとキツキツで、もう少し幅があったらいいのにね、と思われていたことも事実でした。

セットバックして統一した歩道にして軒高がビシッと揃っているのはよかったけれど、もうちょっと道幅があれば、バリアフリー化の基準となる二メートル幅になる。そこで目黒区が決断をして歩道を継ぎ足して車道を狭めることを、駅前広場の工事と同時期に行ったのです。

これもまた偉大なことで、この道には官と民の境界石があり、それをまたいで同じ舗装材で舗装されています。歩く人にとってはそうでなければ意味がないのですが、せっかくなら同じ舗装材にしましょう、と官民が協力できたことがすばらしい。

嫌な話ですが、もしそこで誰かが転んだら、事故があったら誰に責任があるのか問われる、ということも起こりうる。そのとき、行政と民間の管轄の区別がつきにくいことは、問題を残す場合があります。しかし、にもかかわらず街の安心・安全な歩行空間の確保のほうが優先順位として先だと目黒区が決断して実行したのは、当たり前のようで実は当たり前ではない。

その実現には、街の人々が営々と街づくりのために努力をし、コミュニティーマート構想からはそれが自治体も巻き込んだものになり、積み上げてきたことの一つの証のようなものです。ブールバール街のバリアフリー化は、小さい面積だけれど非常に象徴的な仕事です。

自由が丘では南口と同時に一九九四（平成六）年に自由通りの北側エリア、亀屋万年堂の本店がある睦坂沿道地区でも地区計画が決定する。石畳の小道の面積は広がり、駅前広場から鳥居のある小道、不二屋書店と三井住友銀行の間の通りなど、さまざまな小道が石畳になっている。しかもそれらの小道には植木や花壇などが置かれ、中には野生種のバラがあって初夏や秋に美しい花を咲かせているのに出合える。この植物についてのエピソードは、第四章までしばらく置いておく。

自由が丘が歩いていて気持ちがよい、おしゃれと感じるとすれば、それはもしかすると単におしゃれな店が多いだけではなく、おしゃれな小道が多いからかもしれない。そして、その道は一朝一夕にできたものではなく、街の人々が積み重ねてきた努力の成果なのである。

そしてそれの魅力の源はどこにあるかというと、「切磋琢磨といえばきれいだけど、最後発の南口商店会が急激に伸びていったことで、駅前の人たちも『冗談じゃない、俺たちもやらなきゃ』と奮起した。お客さんわが街へいらっしゃいと、決して仲良しクラブではなくやりあってきたからです」という岡田の言葉に集約されている。

4 駅前広場大計画

コミュニティーマート構想モデル事業の際から議題にのぼっていて、しかしそう簡単には実現できなかったのが、駅前広場の改修工事である。戦後間もない時期、街の商業地としての規模が小さかった頃にできた広場は、ロータリーが中心となっていて、街が大きくなると何かと不都合が生じるようになっていた。

人が集まり商売をする場所として最有力候補のはずだった駅前広場に当時手をつけられなかったのは、自由が丘の顔にあたる正面口前の場所であり、街の人たちの合意形成に時間がかかるということと、第一節で述べたとおり、都市計画道路や東急電鉄の連続立体交差事業と絡むからである。

都市計画道路は、駅前からみずほ銀行の横を通るすずかけ通りとヤマダ電機の前を通るカトレア通り、大丸ピーコックの前やモンサンクレールを通る学園通りである。都市計画道路が動き出すときまでは建物の高さ制限がある。歩行者と車が行き交う交通量の多いこれらの道に面した建物が低層なのは、そのためである。駅前広場の工事は、都市計画道路と一緒にやる案もあったが、計画道路は現在に至るまで動きが取れずにいる。

連続立体交差事業は、東急電鉄の高架化もしくは地下化工事のことで、まだ着手されていない。自由が丘駅周辺には、踏切が多い。ラッシュ時に開かずの踏切になることで渋滞ができる、人が動けずに困る。人口が密集し電車の本数が多い東京では、この問題を解決するために近年あちこちの鉄道で高架化もしくは地下化工事が進む。再開発中の下北沢駅は、長年この開かずの踏切問題を抱えていて、ようやく二〇一三(平成二五)年三月に小田急線が地下化し、踏切がなくなった。

自由が丘の場合、踏切が街を分断している。しかし、踏切をなくすためには、連続立体化工事という鉄道の大工事をしなければならない。実現すれば、それを契機として街の様相も変わってくるかもしれない。地元からは早期実現の声も上がっているが、実現するには巨額の資金と煩雑な手続きが必要なため、まだ具体的なスケジュールが見えていないのだ。

このように、自由が丘商店街振興組合だけでは決められない問題が山積しており、駅前広場の改修工事もなかなか動かなかった。とはいえ、手をこまねいていたわけではなく、コンサルタントの石川忠を含め、自由が丘商店街振興組合、目黒区の間で話し合いの場が何度も設けられ、構想を練り続けてきた。

一九八八(昭和六三)にコミュニティーマート構想の時点で、現状の問題として、歩行者の利用が中心にも関わらず、ロータリー形式の車道が中心になっていて歩道部が狭いこと、憩いの空間がないこと、イベントを開きにくく防災上も十分なスペースがないことなどを挙げている。

今後の構想としては、歩行者優先の広場にし、人が集まるスペースと歩行スペースを分離する、女神像をリフレッシュしてよりシンボライズするようなデザインにすることを挙げていた。「クルマの広場からヒトの広場へ」、「多目的利用のできる広場づくり」、「街の顔としての表情づくり」構想されていた。女神像とは、自由が丘のシンボルとして建てられたブロンズ像である。この像についての詳細は第二章で紹介する。

そして時は流れ、ついに暫定計画として目黒区の事業として駅前広場の工事が始まったのが二〇一〇(平成二二)年五月。完成したのが翌年の四月である。タクシー乗り場の位置はほぼ変わらないものの、中央のタクシープールが整備され、バス乗り場の位置は変更された。三菱UFJ銀行の前に約三〇〇平方メートルの女神広場ができ、街灯は水銀灯からLED照明になり、ベンチが設置された。もともとこの土地には傾斜があったが、階段を設けて広場の中は平らに整備されている。

駅前広場がどのような問題を抱え、その問題に対し、自由が丘商店街振興組合がどのように立ち向かってきたのか。岡田の話である。

コミュニティーマート構想では六〇、七〇も大小取り合わせて案があって、その中でも一番インパクトが大きいのが連続立体交差事業でした。都市計画道路と結びついている案まで将来実現したらよい、と書かれていたりするのです。その壮大な案に駅前ロータリーが入るといいのですが、実現するには目黒区や東京都はおろか、国土交通省や東急電鉄も巨費を投じなければならないわけです。

駅前広場は、第二次世界大戦の空襲で焼けた後、活用方法を商店街の皆で取っ組み合いまでする議論の末、土地を所有していた栗山純一さんが寄付して、駅前まで店が密集していたところに広場をつくり、車が入れるロータリーにしたのです。その後に女神像を建てたり、真ん中に島をつくったりしました。一時は噴水を設置したこともあったそうです。しかし、基本的には自動車が入るロータリーという構造は変わらないまま来たのですが、自由が丘は電車で訪れる来街者が多い歩行者街だから、歩行者優先の駅前広場をつくる、と構想では書かれていたわけです。

当時は、バス停と西側の広小路側を少し道路にする以外は、全部広場にしましょうという案などが出ていました。来街者にとってそれは楽しいのだけれど、本当にそれでバスやタクシー、その他の自動車のさばきが追いつくのだろうか。若干疑問符はつきながらも、できれば駅前ではなくもう少し外側で公共交通機関の処理ができるようにしたうえで、中心部には車が入ってこないようにしたほうがよいという、問題の解決を飛ばしながら描いた絵もあったのです。

しかし、サンセットアレイのように私道であったり、地区計画を比較的時間を置かずに導入した南口エリアと違い、駅前は街全体に対する影響が大きすぎる。工事が終わってから「あんなふうになってしまった」と言われる様では困るというので、時間はかかったわけです。

その間にも、前理事長の平井泰男さんが、「駅前は顔なんだ」と語り、駅前広場に花を植えるなどの活動も地道に続けていました。議論が進んだのは、二〇〇三（平成一五）年から二〇一〇年まで理事長を務めた平井さんの時代です。理事長が主催する形で有識者会議、勉強会、委員会を開き、いろいろな立場の人たちの意見を聞いて行政とも喧々諤々の議論をして、警察や消防や行政の各団体の人にも来てもらって話し合いました。

これだったらバスの処理も危険ではないか。実際にタクシーも入ってきているのだから、まったく入れないとなるのは街の規模としてもまずい。緊急車両が入ってきた場合のことも考えなければならないという、さまざまな現実的な可能性を視野に入れていき、ついに暫定計画だけれども、一度はなしておくべき事業として目黒区が着手しました。歩道をふやして中の島を取って、ロータリーを小さくし、しかし、バスの回転半径を十分に取り、タクシーを最低限一〇台はさばける、荷さばきの車も置くことができる、人の乗降も最低限できるという新ロータリーができました。

鉄道の連続立体交差事業は、少しずつ案が変わっていますが、基本的には東横線の再高架化が望ましいと考えています。なぜなら、踏切の問題だけでなく、ガード下が非常に低いところがあるのです。それはひかり街とすずかけストリートが交差するところなど何ヵ所かあるのですが、そこは消防車などの緊急車両が通れないのです。

緊急車両が出動するレベルにはいくつか段階があるのですが、自由が丘は建物が密集しているため高レベルの出動がされることになっていて、消防車が一〇台、二〇台と駆けつけてきます。

実際、たまたま自由が丘商店街振興組合で、タバコを吸っている人が多くて階段のところから煙が出たことがありました。それを見た周りの人が「振興組合が入っている自由が丘会館から煙が出ている」と言って一一九番通報され、一〇台以上の消防車が来たのです。

路地に面した自由が丘会館の前には車両をつけられないので、学園通りにどんどん停まって、消防員の人が二人ぐらい斧を持って走ってくる。それはもしかするとドアを破らないといけない場面もあり得るからなのですが、冷静に考えるとすごい姿です。白昼に斧を持った男性が商店街を走っているのですから。つまり、いざというときはそういう大変な事態になりかねない。笑い話ではないのです。

もちろん大井町線や東横線を地下化する場合も考えられます。そのときは線路が九品仏川の下をくぐらなくてはいけない。そのためにはかなり遠くから緩やかな勾配をつけなければなりません。すると、自由が丘駅周辺だけではなく非常に長い範囲で地下化しなければならないことになる。当然、この下にある上下水道も工事しなければなりません。そう簡単に実現する話ではないのです。ですから、暫定の駅前整備をして一区切りをつけるべきだとなったのです。

駅前広場の工事が必要になっていたのは、もう一つこの地域の地形の問題がある。駅のすぐ近くを川が流れているということは、その部分が谷になるということである。自由が丘の「丘」という名前は駅があるこの場所が丘の上にあったからついたのではない。実は丘とは逆で谷間に駅が通っているのだ。そんな土地になぜ「丘」という言葉を使った地名がついたのか。その経緯はなかなかおもしろいのだが、第二章でくわしく紹介する。

自由が丘は、九品仏川のあるあたりを谷として、南北が断続的に坂になっている。南口から奥沢方面へのぼる坂があり、自由が丘駅から北の目黒通りに向かっても坂がある。モンサンクレールへ向かう学園通りの道も緩やかな坂になっている。谷の底に駅がある。

九品仏川は暗渠化する前、大雨が降ると水があふれた。昭和の時代にも何度か駅周辺が水に浸っている。南口エリアで床上浸水を体験した人もいるし、あふれた水量が一番多かったときには、現在の三井住友銀行があるあたりまで水が来ていたことを記憶している人もいる。

実は坂になっていることを、自由が丘の人たちが実感するようなできごとがほんの数年前にも起きている。

つい最近も、こんなことがありました。熊野神社で木の根っこを保護するために木材を砕いたものを木の周りに敷き詰め、周りに縄を張って木の周りを踏まないようにしたことがあったのです。そのときに大雨が降って水が流れだし、勾配に従って流れ下ってきて、サンセットアレイのあたりの道路にはずいぶんたくさんの木材が流れ出したのです。

「これは一体どこから来たの?」

「熊野神社だね」

「今でもこんなに坂があるんだね」

「そうだね、流れるんだね」

といった会話が交わされたぐらい、実はここは「自由が丘」ではなく「自由が谷」と言ったほうが正確だ、という場所なのです。

ですから、駅前広場ももともとは緩やかな坂になっています。高低差はなんと一・八メートルもあり、みずほ銀行の角が一番高くて、南口に渡る踏切のところが一番低い。無秩序にダラダラ下がっていて、車いすなどを置いておくとだんだん傾いて動いてしまう。ベビーカーや車いすを押しながら漫然と進むと、坂の下に行ってしまうことがあるほどの坂道だったのです。

それではいけないというので、今回のリニューアル工事では、広場の中をフラットな構造にして階段をつけるようにしました。約二五〇〇平方メートルある「交通広場」のうち、約三〇〇平方メートルの歩行者専用広場ができたことによって、ステージを組むなどそこで滞留するイベントがやりやすくなりました。それまでも端っこでギリギリやってはいたのですが、今は広いスペースの中で合理的により安全にステージを組むことができて、歩行者天国が終わると撤収する部分は少なくできるし、安全に人を滞留させることができるのです。

歩行者天国は一九七三(昭和四六)年から日曜祝祭日に実施し、現状は昼の一二時から午後六時までです。この間、バスやタクシーは学園通りまでしか来られないようにして、駅前には入ってきていません。それを平日も含めて恒常的にやればよいではないか、と言われるかもしれませんが、そう簡単ではありません。

確かにすずかけ通りの補助四六号線、カトレア通りの補助一二七号線、学園通りに併行する補助二〇八号線の三本の都市計画道路ができれば、あるいは東急電鉄の連続立体交差事業が実現すれば、可能だと思いますが、今現実的にできることは何かを考え、暫定整備の中で議論し尽くして、入れられるだけの要素、すなわち人が滞留できてイベントがとどこおりなく行なわれ、かつバスやタクシーその他の自動車も入れるようにした。二兎も三兎も追う中ではよくできているなと思っています。

自由が丘の魅力は、そのように非常に制約がある中で、営々と街づくりを続けてきたことです。巨大なビルが建つような再開発もしていない。民間のわれわれが一生懸命にやっている部分もあるけれど、行政も東急電鉄も協力してくれている。駅前広場とブールバールのバリアフリー化は目黒区の事業です。

ソフト的な運営も含めて防犯防災の取り組みもし、街並みを整備してきています。このように既存の市街地が大規模な再開発を伴わずに街の環境を変化させた事例というのは、実はなかなかないのです。そこで、ジェイ・スピリットと自由が丘商店街振興組合で国土交通省の都市景観大賞に応募したところ、見事平成二四(二〇一二)年度の大賞(国土交通大臣賞)を受賞しました。前年に受賞したのは横浜の日本大通、その前が倉敷だったと思います。湯布院が受賞したこともあります。そのような壮大な街づくりと自由が丘は肩を並べたのです。

都市景観大賞の審査講評では、法政大学教授で東京の都市論で知られる陣内秀信の次のコメントに、この街の魅力が集約されているので、引用しておこう。

「東急沿線のお洒落な街として人気の高い自由が丘。その成功の背景に、しっかりした街づくりの継続的な努力の集積があることに驚かされた」

「大改造の手段は一切なく、様々な表情をもつ既存の狭い街路、路地など、その小さな空間の特徴を活かしながら丁寧に誘導、整備し、デザインし直すことで、歩いて楽しい回遊性のある都市空間と、変化に富んだ魅力的景観をつくり上げている。都心の商業空間でありながら心地よい生活感があり、随所に緑とベンチを配して、ゆっくりした時の感覚を楽しめる人々にとっての居場所を生んでいる。従来にない景観づくりの新しい領域を切り開いてきた自由が丘が獲得した質の高い都市空間の集積は、新時代の景観大賞にふさわしいものである」

第二章

スイーツの街

1　お菓子のテーマパーク、誕生す

ファッションや雑貨など、自由が丘にはいくつもの看板となる商業のジャンルがあるが、代表的なものといえば、やはり「スイーツの街」という看板だろう。そのことを決定づけたのが、二〇〇三（平成一五）年一一月二一日、自由通り東側の緑道沿いにオープンした自由が丘スイーツフォレストである。このフードテーマパークの登場は、自由が丘が洋菓子・和菓子の店が集まる「スイーツの街」であることを印象づけ、不景気が長引く二〇〇〇年代に街の新たな集客装置として大きな役割を果たした。

巷では、スイーツブームが始まっていた。一九九〇年代から多様化が加速した日本の食の事情を反映して、大流行したナタデココや杏仁豆腐、マンゴープリン、タピオカドリンクといったアジアの甘味の人気が高まっていた。「和菓子」、「洋菓子」というジャンルだけで括れなくなった「甘いもの」を一言で表現する「スイーツ」という言葉を定着したのは、自由が丘スイーツフォレストの誕生も影響している。

その自由が丘スイーツフォレストの経営者が、岡田一弥である。このフードテーマパークが入る新築ビル、ラ・クール自由が丘の所有者でもあった。主に住宅地の不動産を経営してきた彼がなぜ、テーマパークというサービス産業の世界に入ったのか。その背景には、彼の自由が丘に対する深い思いがあった。

もともと、ラ・クール自由が丘がある一帯、自由通りと緑道が交差する位置にある城南予備校から、東急大井町線を挟んでヤマダ電機のあるあたりまでの約三十町歩（約九万坪）は岡田家の土地でした。岡田家は都立大学・自由が丘・緑が丘一帯の土地を所有しているのですが、そのほとんどが住宅地です。元は自由が丘から東急大井町線で二駅東側にある大岡山駅そばを通る呑川の近くに在所があったのですが、水に近いところは水害の危険があるというので、江戸時代に家ごと引っ張って丘の上に引っ越したのだと、昔祖父から聞きました。大岡山という地名は「大きい岡田の山」から来ているという説もあるのです。

このあたりの土地でも、その昔は畑でキャベツなど葉物野菜をつくっていました。今は隠れて見えませんが城南予備校の西側に農業用水の水路があって、九品仏川に入っている。その水路はヤマダ電機の裏側を通って目黒通りを突っ切り都立大学駅近くの八雲まで抜けています。道路より農業水路が大事だった時代でした。やがて電車が通って便利になり、このまま農地にしておくのはもったいない、という時代になった。その頃、昭和三〇年代後半ぐらいだったと思いますが、ボーリングブームが来た。高度経済成長で豊かになり、人々が余暇の時間を持てるようになったことから、日本はレジャーブームに湧いていたんです。

一九五八（昭和三三）年生まれの私が子どもの頃、人気タレントの大橋巨泉がボーリングのレギュラー番組を持っていて、女子のプロボウラーと試合をすると勝ってしまうのをテレビで観ていました。「この人、『はっぱふみふみ』（一九六九年に大流行したパイロット万年筆のＣＭにある大橋巨泉のセリフ。特に意味がない言葉という点でも話題になった）と言っているだけの人じゃないんだ」という驚きがあったのを覚えています。そんな番組が成立するぐらいボーリングは人気だったので、ボーリング場になったんです。でもすぐブームは終わります。うちは土地を貸しただけなので損はなかったんですが、取り壊してなくなった跡地をどうしようか、という話になりました。

もう農地ではなくなったし、土地は活用しなければならない。そこで昭和四〇年代半ばに、当時最先端だったプレハブで賃貸アパートをつくりました。経済成長の波にのって東京へ来た若者たちが家庭を持つ年頃になり、郊外に団地が次々とできた時代です。うちのアパートも団地仕様で、玄関に入るとすぐキッチンがあるような二DKでした。洗濯機は廊下に出しておく、当時よくあったスタイル。二〇軒ずつ入る鉄骨二階建ての二棟と、コンクリート造が一棟でした。

自由が丘駅からすぐの立地だから人気があって、新婚さんが次々と入って全部埋まった。広い中庭があって、そこに小さい子供が遊んでいる周りにお母さんたちが並んで見守っていた光景を覚えています。

しかし年月が経つうちに建物は老朽化します。平成に入る頃には、すぐそばを走る東急電鉄の振動でボロボロになってきたんです。昔住んだ新婚さんたちも、二人目が生まれると狭いというので引っ越していったし、新規契約も少なくなってきて、ついに三〇軒未満になった。直すならガス管などのインフラから手をつけなければいけないだろう。「さて、どうしようか」となりました。

「あの土地を活用しましょう」、とあちこちから話が持ち込まれるようになったのはバブル期です。

スポーツクラブやら何やらいろいろ候補はありましたが、一番面白かった話が結婚式場という提案です。一九九三（平成五）年に『ゼクシィ』が創刊されるなど、ブライダル情報誌が出てくるような時代の直前です。若い人たちの間では、新しい自由なスタイルの結婚式をしたいというニーズが高まっていた。そういう時代の波を先読みした、ホテルでもいわゆる式場でもない新しいタイプの会場にしたい、という話だったんですが、残念ながら敷地面積が六〇〇坪と小さいのでその話はなくなりました。その会社は結局横浜に何倍もの敷地を確保して、結婚式場として大成功しました。

土地経営者として一番手堅い方法はもちろん、好立地で家賃収入が期待できるマンション経営なのですが、それも何だかもったいないような気がする。私も平成に入って自由が丘商店街振興組合の役員になりましたし、南口の再開発に関わってきたこともあって、建て替えという好機を逃さず街に貢献できる展開にしたいと思っていました。何しろ土地がある場所は近隣商業地域に指定されていて、商業施設を建てることもできるのです。

ただ、当時はまだGAPも何もなく、あの辺りは住宅街の佇まいを残していました。緑道沿いに店が充実してきたのは、ラ・クールができる頃でしたから。そんな場所で商売をして本当に成り立つのか。そこで、南口再開発のときにお世話になったコンサルタント、アトリエ・アイの石川忠さんに相談することにしました。

岡田にフードテーマパークを入れてはどうか、というアイデアを提案したのは石川である。一級建築士の石川は都市計画の専門家であり自由が丘の街づくりに現在も関わっている人であるが、一方でナンジャタウンなどのフードテーマパークの設計も手掛けている。そして石川には、駅から近いが繁華街とは道一つ隔てている立地を活かす構想があった。

「自由が丘は中心地から数百メートルも離れると、商業施設の経営が厳しくなる。それは岡田さんも心得ておられたが、あの位置は商店街のマグネットになり得るんです。マグネット効果というのは、駅から何百メートル離れた土地に集客装置があると、それが人を引き寄せるので、間にも人が集まるというものです。よく、駅から離れた場所に市役所、お寺などがあり、その間にお店が並んでいたりするでしょう。市役所やお寺が、駅に降りた人を引っ張るマグネットになるんです」と石川は説明する。

また、商業施設や公共施設など、ビルの中の賃貸店舗を最適な配置で構成することをテナントミックスと言うが、南口エリアをビルに見立てたソフトテナントミックスという考え方で、やるべき商売を考えてみたらどうか、と石川は提案したのである。

岡田と石川が考えたソフトテナントミックスは、やがて東急電鉄の事業とも結びつき、南口エリアの活性化につながる。仕掛けたのは渡邉靖和である。

東急電鉄の柱は東横線と田園都市線である。田園都市線は高度成長期に神奈川県エリアに延伸を進め、全線開通したのは一九七七（昭和五二）年である。それに伴い、東急不動産による沿線開発が行われたが、一九八〇年代に放送され大ヒットしたドラマ「金曜日の妻たちへ」シリーズで沿線が舞台になったことも加わって開発は大成功した。しかし、成功しすぎた結果、平成に入ってから田園都市線の朝のラッシュはかなり深刻な問題になっていて、この混雑をどのように緩和するかが、東急電鉄の課題になっていた。

そして、二子玉川駅で田園都市線とつながる大井町線の輸送力を増強して、都心までのバイパス機能を持たせることになった。大井町線が溝の口駅まで延伸されたのは、二〇〇九（平成二一）年であるが、それに伴い、自由が丘駅にあった車庫が不要になってきていたのだ。その話を、南口エリア黄金時代に渡邉と親しくなった自由が丘駅元駅長の菅野信三がしたのである。現在、東急レクリエーション社長を務める菅野は当時、エリア開発部という沿線開発に関わる部長をしていたので、街の活性化につながる道を探していた。

「菅野さん、何か目に見えることをやらないとね」と渡邉に言われた菅野は、駅車庫を自由が丘の発展につながる商業施設として開発するために動いたのだ。開発をするには当然理由が必要だが、渡邉と菅野の話し合いの中で、二〇〇六（平成一八）年が自由が丘駅が現在の駅名に改称して七七年目の喜寿に当たることに目をつけ、半ば強引に七七周年記念事業とぶち上げたのだ。菅野はエリア開発部長に就任するに当たり、沿線の街の活性化に必要なことにすぐ対応できるよう、部署を横断した組織につくり上げていた。それは、自由が丘駅で働いていた当初、その必要性を痛感していたからであった。

ただし、トレインチ開業については条件があった。第一章で取り上げたように、この場所は、将来東急線の連続立体化事業で大井町線を高架もしくは地下を走る線にする際に工事ヤードとして使う必要が生じるため、恒久的な施設はつくれない。仮設的な建物を建て、自由が丘にふさわしいおしゃれな商業施設をつくろうとなったのだ。

そして、二〇〇六(平成一八)年一〇月にトレインチがオープン。このときは、社長以下東急電鉄のトップも来てテープカットを行い、大々的なイベントになった。また、東急電鉄、自由が丘商店街振興組合、ジェイ・スピリットが共同でシンポジウムを開催するなどのイベントを開いた。

そしてトレインチが賑わうことによって西側の、自由が丘スイーツフォレストが東側のマグネットとなり、両者が南口エリアの繁華街を東西に広げる役割を果たすようになるのである。

電鉄会社が鉄道を敷き、沿線に住宅を分譲することで集客するというビジネスモデルを生み出したのは阪急電鉄で明治末期だ。東急電鉄もその手法で大正時代から昭和にかけて長年沿線開発を行ってきたが、もはや沿線に住宅を分譲するだけで人が集まる時代ではなくなっていた。地域の人たちと一緒に街を盛り上げることで、より多くの集客をし運賃収入を得ることが鉄道会社の利益になる。そういう変化がはっきりしたのが、トレインチ開業である。東急の考え方の変化を、東急電鉄都市創造本部開発事業部事業計画部統括部長の東浦亮典は次のように話す。

「昭和四〇年代からずっと田園都市線の沿線の宅地開発をしていて、ほとんどの経営リソースをそちらに振り向けていたのですが、開発が一段落したのが一九九〇年代の初め頃。ポスト田園都市は何をやるかというときに、沿線郊外に未開の地が残っていることはもうないので、都心も含めて沿線をどう掘り起こすかという考え方に、だんだん会社もなってきていたんです」

その考え方は、菅野が長年抱いてきた信念でもあった。彼の考え方が、この頃から東急全体に広がってきたのである。菅野は言う。

「鉄道事業は地域が繁栄して初めてお客さんが乗ってくれるのですから、鉄道会社としては、街の発展をお手伝いすることは本業だと僕は思うんです。街が豊かになれば鉄道にも乗ってくれる。街が枯れれば鉄道も枯れるんです」

そしてこれを機に、エリア開発部と自由が丘商店街振興組合のメンバーが集い、街の活性化をざっくばらんに語り合う自由が丘バリューアップクラブ（Ｊ・Ｖ・Ｃ）結成へもつながる。Ｊ・Ｖ・Ｃの話し合いで実現したことはたくさんある。緑道と交わる鉄道のガード下をペインティングして美しくしたり、南口駅改札横に、新しく自由が丘スイーツＳｔａｔｉｏｎができたりといったことは、Ｊ・Ｖ・Ｃの存在あってこそだ。

トレインチ開業に伴い街の人々の念願であった駐輪場も整備され、緑道が美化されてから行き場を失っていた自転車利用者たちにも喜ばれた。

さて、そろそろその東側のエリアには商業施設が増え、既存店の集客力も上がったきっかけになる、自由が丘スイーツフォレストの話に戻ろう。

岡田が、マグネット効果を持つ商業施設をつくる決断をした頃、ラ・クール建設を予定地にクイーンズ伊勢丹から店を構えたいという話が持ち込まれた。そして、飲食を中心にした商業施設をつくることに方針が決まり、石川は岡田にナムコ（現バンダイナムコ）のフードテーマパークプロデューサー、池澤守を紹介する。

池澤は二〇〇一（平成一三）年一月に横濱カレーミュージアム（PIA STATION）、一二月にラーメンスタジアム（キャナルシティ博多）、二〇〇二（平成一四）年七月に池袋餃子スタジアム（ナムコ・ナンジャタウン）となにわ食いしんぼ横丁（天保山マーケットプレイス）と、ナムコのチームナンジャによるフードテーマパークを立て続けにプロデュースし、そのすべてを年間一〇〇万人の集客を誇る施設として成功させた人である。

石川先生が、よく池袋のナムコ・ナンジャタウンの入場券をくださるので、「なんでだろう」と思っていたら、実はその施設の設計者だった。だから私が商業ビルにする相談を持ちかけたところ、テレビや雑誌で特集を組まれるような時の人、ナムコの池澤さんを紹介してくださったのです。ところが、池澤さんは「このご時世に商業施設をやるなら、何らかの仕掛けが必要なのは確かです。ただし、ここでフードテーマパークはできませんよ」と明言するのです。そして、横濱カレーミュージアムやラーメンスタジアム、池袋餃子スタジアムへ連れて行かれた。そしてこう説明するのです。

「フードテーマパークは、集客力が落ちた既存施設を埋める形でつくり、そこに年間一〇〇万人以上集めて、シャワー効果で施設全体に客を流すための集客マシンです。リニューアルして活性化させる仕掛けだから、一〇〇万人集められなければ失敗というビジネスモデル。新築のビルの事業としてやるものではありません」

例えば横濱カレーミュージアムは伊勢佐木町のパチンコビルの上層階2フロアにある。オーナー企業はパチンコでとても儲かっていたけれど、街にご迷惑をかける施設でもあるので、イセザキモールを賑わせるためにやっていると言う。キャナルシティ博多も人が集まらなくなったので、ラーメンスタジアムを入れた。まだ何も入っていない新しいビルにできたフードテーマパークは確かにない。でも、その集客マシンという発想は面白いと思ったのです。

私の本業は不動産賃貸業ですが、それは貸して稼いでこそ成り立つ商売で、稼がないで人を集めるのが目的という発想はないのです。ところが、このような価値観が世の中にあることに気づいて見渡してみると、自由が丘の女神祭りなどのイベントも同じような発想ではないか、と思い当たったのです。

イベントのときは街の人たちが総出で準備し当日は接客して盛り上げる。場所代や人件費を考えたらとても黒字にはならないものに、毎年皆さんが力を入れる。それは街に賑わいをつくることで、人を集めるためにやっていることです。そういうイベントを年間通して何年もやり続けるようなことがフードテーマパークなのだなと思ったら、すごいビジネスモデルだと気づいたのです。

何しろ、今までにないものであり、夢がある。新しい価値を生み出して世の中にアピールする。そして、その集客マシンこそ、バブル崩壊後一〇年の自由が丘が必要としていたものだったのです。

なぜなら、自由が丘は一見元気なようだけれど、女性ファッションの街、雑貨の街などと騒がれたバブル期を過ぎ、マスコミにもてはやされる時期ではなくなっていた。自由が丘の街全体を一つのショッピングセンターと考えた場合、息が切れているこの街に集客マシンを入れるのは、商業施設に入れるのと同じことではないか。その考えを池澤さんに伝えたところ「面白い！そんな発想は初めて聞いた」と言って、打ち合わせが始まったのです。毎回、「今日は一時間しか時間がない」と言う池澤さんと、結局は三時間ぐらい激論を交わすということを繰り返し、全部で二〇時間ぐらいは語り合ったと思います。

池澤さんの指摘で、自由が丘の特徴がはっきりしてきました。女性が昼間遊びに来る「女街」であり、ママ友同士がお茶を飲んだりする。その場所はモンブランやダロワイヨといったケーキを出すような店である。つまりはお菓子の街だと。自由が丘には亀屋万年堂などの老舗もあれば、当時ちょうど脚光を浴びてパティシエという言葉を定着させた辻口博啓さんが開いたモンサンクレールもある。ほかにも、洋菓子の店や和菓子の店が集まっている。お菓子の街としての歴史を常に更新し続けているような街だったのです。

さらに話を深めていくと、単にケーキを提供するだけならデパ地下もある。そうではなく、ここではパティシエと呼ばれる職人たちが芸術的なケーキをつくるその工程にも光を当てて、モノではなくパフォーマンスに光を当てるようなフードテーマパークにしようという考えが出てきました。

実はそれまでの計画は、デパ地下の発想の延長線上にあり、モノを集めてきて売るという形になっていました。確かに話題の店は集まっているけど、つくっている人の姿が見えることには、それほど重点が置かれていなかったのです。パフォーマンスで魅せるというやり方が、材料が化学的に変化していくさまや、パティシエの技で美しく飾りつけられていくプロセスを見るのも楽しいお菓子なら成り立つ、という新しい発想でした。

お菓子は工場で機械が大量生産するものもありますが、手づくりのケーキを売る街のケーキ屋のパティシエたちには、一個一個のお菓子をていねいに手づくりする芸術家のような側面がある。また、お皿にきれいに飾りつけて出すデセール（デザート）と呼ばれるお菓子は、店でできたてを食べてこそおいしいし、見た目の美しさも楽しめるものなのです。

自由が丘には亀屋万年堂や蜂の家のように、和菓子の世界もある。巷ではアジアのお菓子も流行している。それならば洋菓子も和菓子もアジアのお菓子も一言で表現する「スイーツ」という言葉を冠してスイーツのテーマパークとする。「スーパーパティシエの殿堂」というわかりやすいコンセプトを掲げよう。形がだんだんまとまっていったのです。

話し合いを重ねるうちに、これは当たるぞという確信がだんだん湧いてきました。ちょうどよいことに、この施設にはクイーンズ伊勢丹が入る話も来ています。スーパーマーケットは集金力があります。集客マシンと集金マシンが揃えば不動産賃貸業としては怖くない。スーパーが入るということで地下を総掘りにしたので建設に一年間かかったけれど、頑丈な建物をつくろうということで石川さんとも意見が一致していたので、その間にじっくりとスイーツテーマパーク構想を煮詰めていくことができました。しかし、基本的なコンセプトが決まり、具体的にどのような内装イメージをつくろうか、という段階になってまた一波乱がありました。

というのは、それまでのフードテーマパークは基本的に昭和レトロなんです。「あの頃はよかったな。明日は必ず給料が上がると思っていた」、「懐かしいな。こんな風に行列して昔はラーメンを食べたな」とベテラン世代が懐古する一方で、若い人は「昭和ってこんなふうだったんだ」と驚く。だから皆、どことなく薄暗くてかえって汚したような空間設計をしている。でも、今回それは絶対にダメだと私は言ったのです。

ケーキは食べるとニッコリして幸せになるもので、子供の誕生日であるとか、今日はいいことがあったからとか、お父さんが早く帰れるから買って帰る、といった明るさを持っている。そのケーキを売る施設は、絶対にきれいできらびやかでなければいけない。余計なストーリーはいらない。過去ではなく未来を志向するものであるはずだ。

そう言ったら、池澤さんは「それはうちのようなプロがやるフードテーマパークじゃない。うちはやらないから勝手にやれ」と怒り出す。私はそこでひるむことなく、「冗談じゃない。プロだと言うなら、こちらの注文を受けてちゃんとやりきりなさいよ」と突っ込んだのです。

私が、「薄暗いのはダメ、キラキラでなければいけない」とくり返し主張して押し切った結果、非常にショー度の高い、しかもピンクの木が生えている非現実の森に入っていくというコンセプトだけど、決して子ども向けのメルヘンではない新しいスタイルのテーマパークができたのです。

自由が丘スイーツフォレストは結果的に大成功した。テレビや雑誌などのメディアにもひんぱんに取り上げられたことや、成城にあるマルメゾンの大山栄蔵シェフを初めとする一流パティシエが集まった効果もあり、初年度目標一〇〇万人集客のところ、二三〇万人もの人が集まった。それまで地元の人が通るぐらいだった自由通りの東側に続々と人が詰めかけ、新築ビル二階のスイーツフォレストの前には長い行列ができた。行列は店の外の二階テラスだけでは収容しきれず、階段を通って建物の外にまであふれていた。しかし、近隣から大きな問題になるようなクレームは発生しなかった。それは新築ビルならではの、動線まで考え抜かれた設計による。

自由が丘が常に抱える問題なのだが、車社会ではなかった昭和初期に設計された住宅地がベースになった小さな町のため、都心にあるような巨大ビルがない。それは第一章で見てきたように、道路が狭いからでもある。スイーツフォレストの建物があるラ・クールの前の道路も例に漏れず狭い。九品仏川緑道に面した道で桜並木が美しいが、繁華街と自由通りを一本隔てていることもあり、緑道を整備した際にもその工事は及ばなかった。その幅四メートルしかない狭い道に面した空間に、少なくとも年間一〇〇万人は訪れるはずの建物をどのように建て、人の流れをどう処理するか。この難題を工夫して処理したことも、自由が丘スイーツフォレストの大成功に一役買っている。

スイーツブームという時代の後押しもあり、コンセプトが固まっていくにつれ「これは成功しなければならないしするだろう」という確信は高まっていきました。しかし、実際問題として新しい人の流れができることに対応する建物でなければならない。ビル建設予定地の向かい側には女子学生会館があり、隣にはマンションがあって、大勢の人が住んでいる。この土地は近隣商業地域に指定されていて商業はできるのだけれど、何を建ててもいいわけではない。

この土地は目の前の道路との関係上、容積率二〇〇％まで使えました。しかし地下にスーパーを入れるために一〇〇％分を使ってしまっていました。だからあえて利用効率が悪い、真ん中を大きく空ける設計にして二階に六〇坪の中庭を設け、その奥にテーマパークを入れる設計にしたのです。訪れる人が中庭に集まる形にすれば、にぎやかになっても周囲の鉄筋コンクリートの壁が防音する構造になるはず。ビル名のラ・クールは、フランス語で「中庭」という意味です。なるべく、ビルの外に大勢の人が溜まらない構造を、と考えたのです。

しかし、それでも最初は二階から溢れて外に残る人たちもいるであろう。そこで、緑道の環境を良くするためもあって、目黒区にお願いして協力してもらい、緑道の整備まで実現させました。西側と同様、もともとは段差があり、ビル側が低い道になっていました。そこに人がいっぱい来たら転ぶかもしれない、と申し出たのです。現在も使われている石畳風の表面材は岡田不動産で負担して区に寄付しました。

自由が丘スイーツフォレストの前を通る機会があったら、ぜひ周辺の緑道も見てください。メンテナンスをくり返して美観を保つ道も観て欲しいですが、実はガードレールにも一工夫したのです。二本のバーが位置をずらして棚状になっているのは、いよいよお客さんがいっぱいになって溢れたら、そこに寄りかかって椅子のように使えるようにするためです。実際、あそこにもたれかかって休みながら順番が来るのを待っている人もいました。

区との連携がうまく行ったのは、南口の地区計画を提案し実現させた石川先生が設計をしたからでもあります。彼には、街全体の使いやすさを俯瞰して設計を行う実績があって信用されていたからこそ、ビルおよび緑道をトータルで設計できたのです。おかげで、大きなトラブルを起こすことなく、にぎわいを保つことが出来ました。

運営も独自の方法でやっています。二〇〇〇年代前半に次々とフードテーマパークができたけれど、地元に根づいて残っているところは少ないでしょう。それは、そもそもダメになっている商業施設を活性化させるために入れるという目的もあり、長期に続けるビジネスではないからです。最初は自由が丘スイーツフォレストも二三〇万人もの人が集まったけれど、それがやがて新味がなくなることで飽きられる危険は抱えているわけです。

幸い、集客は年間一〇〇万人まで落ちたけれど二度の大規模改修をして一〇年を超えてやっていますけれど、最初からそこまで続くと読んでいたわけではない。イベントの壮大なバージョンの施設が、未来永劫続くという保証はどこにもない。ならばどのようにすれば損をしないで、ちゃんとビジネスとして成立するか。

実は、自由が丘スイーツフォレストの中身は、ほとんどリースや割賦でつくっているのです。銀行の借入金では内装工事をしなかった。リース契約は五年間なので、五年経ったら経費で落として帳簿がほぼゼロになる仕組みです。中で働いている皆さんに対しても、テナントで賃貸させているわけではない。業務委託で、中でスイーツをつくるというパフォーマンスをする契約で入っていただいている。一部の店舗については飲食業をやるうえで必要な保健所の許可も岡田不動産が取っています。

中の運営はナムコが行っていたのですが、それも業務委託契約にしました。清掃スタッフも、自由が丘で高級スポーツクラブを経営している栗山雅則さんの会社に委託しました。何しろ、非日常を楽しむ空間ですから、ときどき目に入る清掃スタッフも見た目が大事、若くてイケメンであり、マナーがよいことが求められる。だからこそ、芸能人もたくさんいるクラブ経営者の栗山さんの力が必要だったのです。つまりこのビジネスはテーマパーク運営であって、テナントが入ればよしとする不動産賃貸業ではないのです。

しかし、そもそも長年同族会社で不動産経営をしてきた岡田不動産には、私より年上の世代も役員にいます。不動産とはまるで違うパフォーマンスを売るサービス業について理解がある会社でもない。浮き沈みの大きな商売をいきなりやるのは難しい。そこで新鮮生活社という別会社をつくって、運営を任せるやり方にしました。

もちろん大事なのは中身です。世の中はスイーツブームでしたし、新しいコンセプト、スタイルのフードテーマパークが自由が丘に出来たとなれば、マスコミがたくさん取り上げてはくれます。実際そうでした。私自身もテレビに出ました。

しかし、大勢の集客に成功し現在まで続く内容をつくれたのは、マルメゾンの大山栄蔵さんが参画してくださったことが大きかったのです。大山さんは現在、東京都洋菓子協会の会長であり洋菓子業界の重鎮でもある。その人を、ナムコのプロデューサーの齋藤未来さんが口説き落としたおかげで、強い協力者を得た。大山さんは、どういうやり方ならできるかを一緒に考え、メディアにも積極的に出演してくださいました。私より大山さんがテレビに出たほうが知名度もあるし説得力もある。ありがたいご協力でした。

大山さんが参画したことは、他のパティシエたちにもよい影響を与えました。大山さんが「やれる」と言ったことを、若手のパティシエたちが「大変なことだから無理」とは言えない。結果的には、それぞれが実力を出しきって最高のパフォーマンスを見せたのです。

もちろん開業まではすべて内密に交渉しました。どこかが真似をしてこのビジネスを先に始めたら、日本で最初のスイーツテーマパークとは言えなくなるし、インパクトも弱まります。幸い、どこにも先手を打たれず無事開業することができました。

開業当初は本当にとてつもない数の人が来たから、その注文に応えるパティシエたちも大変なわけです。すると当時もう五〇代で大ベテランの大山さんが、混めば混むほど整然とケーキをつくる。どんどんできて、どんどんスピードが上がる、品切れも出さない。なくなりそうなものから次々とつくってケースに入れていくから。それは見事なパフォーマンスでした。

さらに、大山さんは多くのお弟子さんも紹介してくださり、お弟子さんも何人も出店しています。大山さん自身もスタイルを替えながら今まで二度も出店しています。オープニング時は普通のケーキの店でしたが、現在はクレープ専門店という新業態の店舗です。一流のパティシエたちが出る場というので、我こそはという人が来るようになった。もちろん、パフォーマンスを見せるわけですから、技を盗もうと来る人もたくさんいました。露骨にガラス窓に張りついてジーッと見ている男性を見かけたこともありましたよ。

でも、スイーツというのは奥が深い世界なんですね。レシピを公開しようがその技を見せようが、その人と同じことはできない。そして、スイーツフォレストには、デザインぐらい真似されたってどうってことないよ、と言えるぐらい素晴らしい技術を持った方々が来ていたのです。そのレベルの高さがまたお客さんを呼ぶという好循環が成立しました。

もちろんパフォーマンスを成立させるためのバックヤードも工夫してあります。とにかくものすごい数のお客さんが来るわけだから、どんどん食材を搬入できなくてはいけない。オーブンから出したばかりの熱いケーキもあれば、冷たいアイスクリームをのせる場合もあります。厨房としても、しっかり設計しなければならない。お客さんが入るところは、非現実を楽しんでいただくために通路をくねらせて広く感じさせる工夫をしていますが、裏側は搬入通路が通りやすくなっていますし、ストックスペースまで詰め込んであるのです。

構想を練り上げ、細部にまで配慮が行き届いた設計で大成功を収めた自由が丘スイーツフォレスト。ネーミングも紆余曲折あり、最初はスイーツファクトリーという中身をそのまま表した名前にする予定だった。「ファクトリー」＝「工場・工房」という名前はどこか男性的だ。しかし、主たるターゲットは女性たちである。建物の前はもちろん、街全体が緑の多い環境であり、中にも非現実の森を再現していることもあり、「スイーツフォレスト」とした。

「とにかくたくさんの人にすぐ分かってもらうことを心がけました」と言う岡田。「スーパーパティシエの殿堂」というキャッチフレーズも、コンセプトを親しみやすくわかりやすく伝えようという配慮に基づくものだ。

その後、各地にさまざまなスイーツのフードテーマパークができたが、現在も継続しているところは他にない。規模が大きすぎたり、モノを売ることに主眼を置いていたりしたからだ。自由が丘スイーツフォレストは、全部で八店をレギュラー店と期間限定店で構成してパフォーマンスを見せることに主眼を置き、イベントをひんぱんに企画するなど飽きさせない工夫を凝らした。話題性をつくっておいてマスコミ各社に、プレスリリースを送り続けるなどした結果、雑誌やテレビなどにもほぼ毎月どこかで登場するなど、情報発信を続けてきた。またスイーツ店が集積する街の特質にも合い、現在まで継続している。

しかし、二〇一〇（平成二二）年には最大の危機が訪れていた。ナムコがバンダイと合併した余波でフードテーマパーク事業からほぼ撤退することになり、運営をナムコに託していた自由が丘スイーツフォレストは、閉鎖するかどうかという選択を迫られたのだ。施設はその一年前に最初のリニューアルを終えたばかりで、地域に根づき始めていた。そこで岡田は運営や情報発信のノウハウを持つ齋藤プロデューサーの転籍を含め、すべてのソフトを自社に組み入れる形で継続することを決定したのだ。

当時、ナムコ・ナンジャタウンを別にすればナムコが運営しているフードテーマパークは自由が丘スイーツフォレストだけになっていました。ナムコはバンダイと合併してからアミューズメント施設事業の再構築という本業回帰の方向性が決まっていましたので、自由が丘スイーツフォレストの運営も辞めることになったのです。

実力のあるパティシエを次々と招くネットワークづくり、アフターフォロー、マスコミにネタを提供すること。ノウハウはすべて齋藤プロデューサーをはじめとするナムコにありました。シナリオとしては、惜しまれつつ閉店するまであと一〇〇日、などカウントダウンで一儲けすることが、現実的な選択肢だと思いました。跡に大きなレストランを入れてもビルの経営は成り立ちますから。

しかし、実際六年近くやってみて、スイーツのテーマパークというものがなんと自由が丘と親和性があるものかと再確認しましたし、何より集客力があり情報発信機能がある場を失うことは、ビル経営をするうえでももちろん、自由が丘にとっても好ましくない。何とか継続する方法がないかと考えた結果、ナムコが撤退しても人的資源はあるのだから、自由が丘スイーツフォレストで運営に携わる人たちをそっくり譲り受けることができれば、継続は可能だろうと判断しました。

そこで齋藤さんをはじめ、スタッフの方々に打診をしたのです。大きな会社から人が一桁しかいないような岡田不動産に移るのは大変な決断だったと思いますが、幸い齋藤さんが自由が丘スイーツフォレストを継続させることに賛成して移ることになった。そして、ナムコも、ナムコとして登録した商標その他を譲るという多大な協力をしてくださって、継続が決まったのです。スタッフは新鮮生活社という岡田不動産の別会社の所属になり、多少人の入れ替わりなどはありましたが、現在もその運営にあたっているというわけなのです。

こうして、会社としても個人としても、未知の分野への挑戦は無事成功し、そして何よりも街の活性化という大きな貢献ができた。うれしかったのは、自由が丘の「雑貨の街」という顔をつくり上げた「私の部屋」の経営者であり当時の自由が丘商店街振興組合の理事長だった、尊敬する故前川嘉男さんから「面白い男だと思っていたけれど、こんなすごいことをやる男だとは思わなかった」と言っていただいたこと。今でもその言葉に恥じないようにがんばろうと思っています。

2 名店が集積する自由が丘

ところで、自由が丘にはなぜスイーツの店が集積しているのだろうか。この節では、その理由を歴史から紐解いてみたい。

自由が丘が発展するきっかけは、昭和初期に東急大井町線、続いて東急東横線が開通してターミナル駅になったことだった。東京は一九二三(大正一二)年に起こった関東大震災の痛手が大きかった時期で、山手線の内側に住んでいた人が次々と郊外へ移り住んでいった。

現在は渋谷から特急で七分という距離の自由が丘を郊外と考える人は少ないかもしれないが、昭和の初め頃は、新宿ですら伊勢丹が移転して都心化し始めたばかりという時期で、目黒あたりはタヌキも出没するような場所だった。当然、電車が開通したばかりの私鉄沿線はのどかな田舎に過ぎなかった。自由が丘の始まりについては次章で詳述するが、宅地開発されて現在の街の基礎が出来上がったのは、東急線開通効果による。

郊外に移り住んで一戸建てを構えられる人は当時、それなりに所得が高い人々だった。貴族などの身分制度もまだ存在しており、格差が大きかった時代である。当然のことながら、空気がきれいで良好な環境の自由が丘に広い敷地の家を構えた人々も、ゆとりがある層だった。そういう場所にできる店も、ゆとりがあるファミリー層を狙った上質なものである。

駅前にはまもなく商店街が形成されたが、その中にはセンスの良い洋服店などもあった。自由が丘の顔であり、東急沿線を中心に各地に支店を構える和菓子店亀屋万年堂は、いち早く一九三八（昭和一三）年に創業している。

そして一九四五（昭和二〇）年一〇月、穏やかな雰囲気に惹かれてこの街に店を構えたのがモンブランである。創業者の迫田千万億は一九〇三（明治三十六）年に鹿児島県屋久島で生まれ、洋菓子店で修業をして一九二四（大正一三）年に上京、神楽坂の紅屋洋菓子店に入る。周囲から「この田舎っぺ」などと言われながらも実直に勤務し、当時はアメリカ仕込みの洋菓子店として知られた森永などあちこちの洋菓子を買って研究を重ねた。

最初に店を構えたのは学芸大学駅の近くで、一九三三（昭和八）年である。「モンブラン」の屋号を掲げて自由が丘学園などにパンを納入している。屋号は、登山が趣味だった迫田がヨーロッパに行った折、間近に見て感動したアルプスの名峰に由来している。やがて、パンを弟子たちに任せ洋菓子の研究に没頭するようになる。上京直前に関東大震災が起こり、当時ドーナツが流行っていた。迫り来る戦争に備え、非常時にはカステラにバターを塗るような簡素なケーキが流行するだろう、と読んだのだ。一九三七（昭和一二）年には日中戦争が勃発し、やがて第二次世界大戦へ突入する。不穏な時代が始まっていた。

そして戦争末期に生まれたのが、日本を代表する洋菓子、モンブランである。ふわふわのスポンジケーキに栗を入れ、クリームで飾った日本独自のモンブランの元祖はこの店なのである。

物質の乏しい時代に、吟味した材料でつくった確かな味と大きなサイズのケーキで人気を博したモンブランは、現在も看板商品のモンブランのほか、イチゴショート、シュークリーム、エクレールが創業当時の味で地元常連客を中心に人気を集めている。

戦後は店から駅まで行列ができ、「郊外まで人を呼べる店」として評判になった。モンブランの人気ぶりと、戦後間もない時期なのに靴を履いた人が闊歩するゆとりに商機を見出し、店を構えたのが、二〇一一（平成二十三）年に惜しくも閉店した自由が丘凮月堂である。

凮月堂は、江戸時代から続く菓子店で、創業家の跡取りは代々大住喜右衛門を名乗っていた。五代目喜右衛門から最初に暖簾分けされ、両国若松町に店を開いたのが米津松造である。現在東京凮月堂として銀座に店を構えているが、明治初期に日本で最初にビスケットを大量生産するなど、いち早く洋菓子の分野へ進出した店である。都内を初め各地に米津の弟子たちが暖簾分けした店を構えており、日本の洋菓子創成期を支えてきた。一九五六（昭和三一）年、自由が丘に店を構えた門林弥太郎は、米津の元で修行し、最後に暖簾分けされた弟子である。

銀座の店は第二次世界大戦の空襲で焼けてしまったが、門林が防空壕に洋書とともに入れていたレシピが、その後自由が丘の店を背負う息子の泰夫が戦争から帰ってきてから出てきた。そのレシピを元にした「明治時代のシュー・ア・ラ・ケレーム」は、自由が丘凮月堂の看板スイーツだった。

昔のお菓子と歴史を知っているというので、門林泰夫はメディアにくり返し取材されている。一九八八（昭和六三）年にＴＢＳ系で放送された『妻たちの鹿鳴館』というドラマでは、明治時代のデコレーションケーキを再現した。そういう再現要請が重なり、シュー・ア・ラ・ケレームも復活したのである。

次に街へやってきた名店は、パリに本店があるダロワイヨである。現在でこそ、日本にはフランスその他世界各地から洋菓子の名店が出店し、フランス人パティシエがいる店も珍しくないが、昭和半ばまで洋菓子店を開いた人たちの多くは日本で修業し、自分たちの味覚に合わせたケーキを出した人々である。フランス人が店を開いたのは、一九六八(昭和四三)年、六本木に開いたルコントが最初で、まだほとんどの人が本場の味を楽しむような時代ではなかった。

さて、モンブランの最大の功績は、都会の一部の人にしかなじみがなかった洋菓子を、大衆的な存在にしたことである。モンブラン自体は支店を出さない方針のため他に店はないが、「レシピを教えてほしい」という全国の洋菓子店の要請を受け、開発したケーキのモンブランの技術を戦後復興のために、と惜しみなく公開したため、日本各地でモンブランが売り出されることになった。洋菓子になじみがなかった人々も、栗の甘露煮を使った、カステラのようなスポンジ生地のこのお菓子は喜んで受け入れ、やがて日本が洋菓子大国となる基礎をつくったのである。

しかし、それ以外のタイプの洋菓子に対する抵抗は根強かった。昭和時代は、ケーキといえばふわふわのスポンジ台がベースのモンブランかいちごのショートケーキ、ロールケーキで、その他にはアップルパイやシュークリームぐらいしか知らないという人が多かった。チーズケーキもスフレタイプが人気で、クリーム生地が主体のニューヨークチーズケーキが人気になるのは平成になってからである。

そんなショートケーキ全盛時代の一九八二（昭和五七）年、日本初出店となる店を自由が丘に構えたダロワイヨ。一八〇二年創業の店はフランス本国でこそ、ルイ王朝時代に王侯貴族をもてなした技術を受け継いで、トゥレトールと呼ばれる持ち帰り総菜を出したり、パーティのケータリングを請け負うなど、フランスを代表する高級洋菓子店の一つとして知られたが、当時の日本人の間では、パーティを請け負うほどの総合力を持つ洋菓子店の業態はもちろん、ダロワイヨの名前も知られていない。海外旅行が盛んになるのは円高になったバブル期以降で、フランスに行ったことがある人自体少なかった時代である。

フランスのクリスマスケーキとして定番のブッシュ・ド・ノエルを並べた一二月、来店客から「クリスマスケーキはないの？」と言われ、本店の味を再現したケーキはどれも甘すぎると言われる。フランス人は、例えばダロワイヨの看板ケーキのオペラが、コーヒー風味のバタークリームやチョコレートのスポンジ、チョコレートなどを層にしているように、食感や味わいの異なるさまざまな素材を組み合わせたケーキで、味のハーモニーを楽しむ。シンプルで柔らかいスポンジケーキを好んだ日本人に、その味はなかなか理解されなかった。二〇〇〇年代半ばにダロワイヨがメディアを通じて宣伝したことで始まりかけていたブームに火がつき、今ではすっかり定番となったマカロンすら、見向きもされなかったことは言うまでもない。日本人向けの柔らかいケーキを開発するなど、ダロワイヨは苦労しながら街に定着していったのである。

ダロワイヨと前後して、フランスの味を伝える店が東京に次々と登場している。自由が丘スイーツフォレストに大きな貢献をした大山栄蔵がフランスから帰国し、成城にマルメゾンを開いたのが一九七七（昭和五二）年。池袋の西武百貨店にオープンしたルノートルが一九七九（昭和五四）年、フランスで伝統菓子を発掘して帰国した河田勝彦が尾山台にオーボンヴュータンを開いたのが一九八一（昭和五六）年。

ヨーロッパスタイルの味が知られ始めた日本で、決定的に人々の味覚を変えたのが、バブル最盛期の一九九〇（平成二）年頃に一大ブームを巻き起こしたティラミスである。マスカルポーネチーズを使ったクリームに、エスプレッソを染み込ませたスポンジを層にし甘いお菓子に苦味のアクセントを加えるイタリアンデザートは、フランス菓子の特徴に通じる。バブル期には海外旅行者も増え、フランス料理やイタリア料理をレストランで食べることが流行った。続いてエスニック料理が流行り、さまざまな国や地域の味に対応できるように、人々が急速に舌を肥やし始めたのである。

一九九〇年代後半から二〇〇〇年代初頭に訪れたスイーツブームは、グルメになった人々がデパ地下総菜を買う習慣をつけた背景があって生まれたもの。不況で洋服が売れなくなり、地下の食品売り場に力を入れるようになった百貨店が、西武池袋店の後を追うように次々とスイーツの名店を入れはじめたのである。

そんな折、彗星のごとくスターが現れる。一九九七（平成九）年、フランスで開かれるお菓子の世界選手権、クープ・ド・モンドで日本人チームとして出場して三位を獲得し、個人としてもアメ細工の部門で優勝した辻口博啓である。

ブームが始まった頃の日本人の快挙で、メディアは沸き立った。辻口が全国区で知られる存在になったきっかけは、日本人のグルメ化を加速させたフジテレビ系の『料理の鉄人』に出演したことである。一九九九(平成一一)年に初めてパティシエの挑戦者として鉄人に勝ち、注目を浴びた。テレビ番組に引っ張りだこになった辻口は、パティシエという言葉を世の中に定着させ、子どもたちが将来なりたい職業として憧れの的にした功労者である。

辻口が生まれたのは一九六七(昭和四二)年、石川県七尾市。和菓子屋の三代目だったが、子供のときに友だちの家で食べたいちごのショートケーキで目覚めて洋菓子の道を志す。一八歳で上京し、オーボンビュータンなどいくつかの店で修行した後、フランスへも渡航している。その間、実家が倒産の憂き目に遭い修業を続けるかどうかの選択に悩んだ時期もあった。結局、実家に戻っても家族を支えられない現実を直視し、初志貫徹をする。

背水の陣で戦った結果、世界一のパティシエの栄冠を手にし、洋菓子店、チョコレート専門店、豆菓子店など一二のブランドを展開する大物になった。二〇一五(平成二七)年に放送されたNHKの朝の連続テレビ小説『まれ』の土台になった『スーパーパティシエ物語』を出すなど、第一線を走り続けている。

辻口が一九九八(平成一〇)年、最初に開いた洋菓子店がモンサンクレールで、自由が丘の学園通り沿いの丘の上にある。辻口がつくる洋菓子は小さい中に細かい技が詰まっていて、しかしくどくなくさっぱりした味わい。余韻を残すその味は、辻口のルーツである和菓子を思い起こさせ、フランス菓子が定着した次の時代を予感させた。

辻口が二店目を出したのも自由が丘で、ロールケーキ専門店の自由が丘ロール屋、二〇〇二（平成一四）年である。この店の登場は、その後チーズケーキなど一種類のケーキに特化した専門店の流行につながったと思われる。

このように、代表的な四店を紹介するだけでも、それぞれの時代のトップランナーの一角を占める店が自由が丘には現れ、新しい流行の発信源になってきたことがわかる。和菓子ではあるが大手の亀屋万年堂は、一九六三（昭和三八）年に洋菓子と見紛うスポンジ生地のナボナを開発し、その後自由が丘にゆかりのある王貞治のCMで一躍全国区のお菓子にした。現在もナボナは同店の看板商品である。

そういう新しいスイーツを開発し、成長した店がひしめく歴史を浮かび上がらせたのが自由が丘スイーツフォレストである。「スイーツの街」として注目された自由が丘には、さらに洋菓子店や洋菓子を売りにしたカフェの出店が加速し、行列ができたり、メディアに引っ張りだこになったりしている。二〇一〇年代の流行である焼き菓子の有名店もあれば、チェーン展開する中で本店を自由が丘に構えたカステラ専門店もある。自由が丘というブランドが、洋菓子の看板になる。

そんな状況を自由が丘商店街振興組合が見逃すはずはなかった。青年部レッツがそれまで集客力が落ちていたGWに自由が丘スイーツフェスタというイベントを企画したのだ。二〇〇四（平成一六）年に始まった当初は予算も少なく、モンブランなど数店の店が参加し、スタンプラリーをする程度だった。それを区が観光資源と見なしたことで一千万円規模の予算が降りるようになり、二〇〇八(平成二〇)年から大規模な祭りとなっていった。自由が丘スイーツフォレストは、祭りの目玉となる実寸大お菓子の家を駅前広場に出現させるアイコンづくりで、宣伝隊長を務めている。それも、全国規模でパティシエのネットワークを持つ施設だからこそできることである。

今やすっかり「スイーツの街」として認知された自由が丘。では、その立役者である自由が丘スイーツフォレストの運営はどのように行われているのだろうか。次節ではその詳細を紹介する。

3 スイーツフォレストの挑戦

ナムコで、お菓子のフードテーマパークの企画が立ち上がったのは、二〇〇二（平成一四）年の八月頃である。今節では、当時ナムコの社員でチームナンジャに所属していた自由が丘スイーツフォレストのプロデューサー、齋藤未来の話を中心に紹介する。

「もともとフードテーマパーク自体が、バブルが弾けた後に活気が下がっているところへ、爆発的な集客力のあるものでビルないし地域に人とお金を集めようというプロジェクトだったので、誰もが好きな「食」をテーマにしました。横浜は洋食がいくつも生まれた街。洋食の王様は何だ、と考えたらカレーだろうということでカレー。博多はもともとラーメンが人気の街だからラーメン。ただ、女性からみるとそれらは男性的に感じるかなというところで、女性のためのものもつくろうと考えていました。女性が誰でも好きなもの、と考えてスイーツが浮かんだのです」

スイーツに絞ってリサーチを進めていくと、パティシエという職人たちの存在に突き当たる。日本には世界的に高いレベルの職人がいること。分析的につくり方を構想する人もいれば、芸術家のようにひらめきでお菓子を生み出す人もいる。マドレーヌ一つをとってもそのお菓子に対する思いや、完成したものの個性が異なる。考え方もタイプも異なる多様な人々がいる、豊かな広がりがある世界だと知ってほしい、と考えた。

「大学時代にテーマパークでアルバイトをしていて、もともとは接客業に就きたかったんです。食べ物でも乗り物でも、一つのものに人の工夫や魅力が加わると、モノの魅力が二倍にも三倍にも膨らむ。パティシエさんの魅力やドラマ性が伝わったら、味覚だけではないスイーツのおいしさが広がるのではないか」と考えた、と話す齋藤。

実際にプロジェクトが動き出すのは、1で紹介したように岡田とナムコの池澤の出会いがあってからなのだが、同じようなタイミングで現場責任者の齋藤も自由が丘という土地に目をつけていた。

自由が丘が、東京でも有数の女性客が多い「女街」であること、日本における洋菓子の歴史に名を残す名店から最先端の店まで、和洋のさまざまな店がある街であることがその理由だった。当時、齋藤が参画を打診していた大山栄蔵にその話をしたところ「スイーツの施設を作るには、どの場所にあるかも重要だと思う。自由が丘にはぴったりだ」と言われたことも自信になったと話す。

実は大山を口説き落とすのは難しかったという。初めはパティシエの存在も知らなかった齋藤は洋菓子業界にとって門外漢。業界の中に入り込むことは至難の業だった。

雑誌や本を調べて店にあたりをつけ、一日数件を回って、店の雰囲気を知る。数個ずつケーキを買っては味を確かめ、狙いを定める。店を選ぶ基準は、「パティシエ自身が商品やお店に対して一定以上のこだわりや思いがある店」とした。「もちろん味はおいしいけれど、単においしいのではなく、感動するような創造的なおいしさのある店で構成しようと考えました」。

健康には自信がある齋藤だったが、このスイーツ店行脚のため、翌年初めて健康診断で脂質の高さで引っかかる。日常的にテニスなどで体を動かしてはいたが、ある部分は職業病だと諦め、その後の「出産が一番ダイエットになりました」と笑う。

大変だったのは、アポイントを取ること。ゲームのイメージが強い異業種の会社名を名乗っても、最初のうちは相手にされない。何とか訪問までこぎつけても、デパ地下などの出店依頼が洋菓子店に殺到していたスイーツブームの時期でもあり、出店をしてもらうのは難しい。齋藤が当時二〇代の女性だったことも響いた。何しろ社内で営業企画の女性第一号。世の中はまだ男性社会だった。これはナンジャタウン時代のことだが、客同士がもめたときに仲裁に入ると「上司を出せ」と言われる悔しい思いもしたという。

開業前の段階でできることは、自身の熱意と会社としても本気だという姿勢を根気強く説明し理解してもらうことしかない。最終的には、この仕事を天職と捉え、それまで女性第一号で苦労するのは当たり前という環境の中で戦って培った粘り強さが勝った。逆境で苦労したことが、ある時期から逆転して武器になったのである。

一番の難関で大本命だったのが、マルメゾンの大山である。多忙を極める大山には、そう簡単には会えなかった。最初に会ったのは二〇〇二年九月、日本洋菓子協会が主催するパティシエのコンクールだった。その後は店に日参する。

「軽く一〇回は行ったんじゃないかな。お会いするたびにドキドキしました。何しろこちらの提案に対して『こんなんじゃダメだね』と忌憚のないご意見をおっしゃるからです。大山シェフは遊び心があって、本店のドアの取っ手を泡立て器の形にデザインしたり、大御所なのに新しい商品を企画するチャレンジ力がある。お客様のほうを向いた面白がりの精神と挑戦力がすばらしいんです」

そして大山からの出店の約束を取りつけたことが、プロジェクト実現の推進力になった。もう一つの推進力は、唯一オープンから現在まで続けて出店しているル・スフレの了承を得たことだった。私立女子校出身だった齋藤は、その強みを活かした。というのは、俗に「お嬢さん学校」と言われる都会の私立女子校出身者のネットワーク力は強く、その口コミは流行を生むからだ。彼女たちは、甘いものやおいしいものに対する感度も高い。実は、スイーツフォレストの名前の元になった、森のような空間は、彼女が友人たちに「どんな空間でスイーツを食べたいか」とヒヤリングして導き出したもの。ル・スフレはそんな仲間内で「ここはおいしい！」と話題になった店だったのだ。

「西麻布本店のオーナーシェフは、店内で携帯電話使用不可にするなど、おいしさを知っていただくために厳しいところもある。いい意味で頑固な職人さんなので、本気であることを伝えて信用していただいた。ＯＫをいただいたときはもう内装工事中だったのですが、シェフのご要望で客席を増やすために、倉庫の予定だった場所も壁をぶち抜いて客室にしたり、車いすの方も座れる

ゆとりを持たせるなど、おいしいものをつくって食べていただきやすい環境を整えました」

大山はスイーツフォレストのソフト面での基盤づくりに貢献したが、ル・スフレが入ったことは、スイーツのテーマパークとしての質を高めることに貢献した。実際、齋藤はアプローチ中、大山から「ここの店が出たら格が上がる」と励まされているし、料理業界のメディアから「ここが入っていることに驚きました」と言われている。齋藤が最初に狙いをつけた両者は、今でも自由が丘スイーツフォレストを継続させる推進力になっているのである。

「あの店が出ているなら」、「あの人が出ているから」と出店を決めた人もいるし、業界内の縦横のつながりで出店が決まることもある。スイーツ業界は内部でのネットワークが強固にある。それは凮月堂が明治時代に洋菓子に進出して以来、多くの弟子を送り出して近代の洋菓子業界を支えたように、今も力があるパティシエたちが次々と弟子を育てている。

大山は例えば世田谷区深沢に本店があるル・パティシエ・タカギの高木康政や、青山に本店があるアニバーサリーの本橋雅人など、名店のシェフを多く育てていて、彼ら弟子もスイーツフォレストに出店などの協力をした。他にも世田谷区尾山台でフランス伝統菓子を出す河田勝彦やその弟子たちなど、齋藤を信用して協力した人たちが大勢いる。一度中に入り込めば「あの人のところも行ったら？」と紹介してくれる人たちも出てきて、出店交渉は容易になっていった。

そのネットワーク力は、新鮮味を出すために出店者の入れ替わりをひんぱんに行った最初の三年間はもちろん、その後の入れ替わりも、さらには自由が丘駅南口改札横に、岡田が東急電鉄から依頼され街の顔になるようにと二〇一四(平成二六)年に開いた、テイクアウト専門店、自由が丘スイーツStationへ出店するパティシエ人脈をも支えている。

つくる工程を見せるというアイデアも、齋藤がパティシエたちと仕事をする中で見出したアイデアだった。

「テーマパークは、行列に並ぶ間が退屈じゃないですか。自由が丘スイーツフォレストの場合、その間に何を楽しんでいただけるだろうと考えたら、お菓子が出来上がっていくところなんです。その過程は大人の目でみていても魔法のようで本当に楽しい。ヘンに大道芸的な見世物をやるのではなく、制作プロセスを見せられたらライブ感も本物感もあって、一番の演出になるんじゃないか」と考えた齋藤。パティシエたちに相談したところ、当初は慣れない演出に躊躇した人も最終的には納得してくれたという。

菓子を持ってきて売るテイクアウト専門店ではなく、パフォーマンスを含めてパティシエたちを主役にしたテーマパークは、時代を先駆けるビジネスモデルでもあった。というのは、生菓子のケーキは、賞味期限がその日中である。洋菓子店は売れ残ったケーキはスタッフらが食べてしまうか、捨てるほかない。モンサンクレールの辻口すら、駅から遠い立地ゆえ来客が少なかった当初は毎日ケーキを捨て続けたという。手をかけてつくったお菓子を捨てなければならないつらさを抱えながらも、安全な食べ物を味わってもらうために、つくり続けるのがパティシエという職業だ。

翌日に残せない菓子というのは、すなわち余計なものが入っていない安全性の証である。保存料が入らないケーキの材料はシンプルで、だからこそおいしい。「余計なものが入っていないお菓子を目の前でつくることは、安心・安全につながりますし、そのフレッシュな魅力は時代に新しい価値観を投げかけていくんじゃないか、と可能性をすごく感じていたんです」と齋藤は語る。

大量生産・大量流通の食べ物は、つくり手から客が見えない。どんなふうに扱われいつ食べてもらえるかわからないから、保存料などを入れて長く持たせる。そういう工業化された日常が当たり前の世の中で、コストパフォーマンスは高くないが良質で安全なものをつくるパティシエたちに出会って齋藤は非常に驚いたという。スローフードなど手づくりのものにスポットが当たり始めた時代で、量産できない手づくりのおいしいスイーツを出す、というテーマパークのコンセプトは、その後静かな広がりを見せるオーガニックやエコロジーへの信頼感と通じている。

とはいえ、飽きられるリスクは、テーマパークにはついてまわる。バブル崩壊後に次々と出来た全国各地のテーマパークはほとんど潰れ、現在も元気なのは東京のディズニーリゾートと大阪のＵＳＪだけである。フードテーマパークも、池袋餃子スタジアム、ラーメンスタジアム、札幌らーめん共和国、新横浜ラーメン博物館のほかは、自由が丘スイーツフォレストしか残っていない。継続できたのは、岡田や齋藤による練り上げたコンセプトのおかげであるが、齋藤が仕掛けた数々のイベントもリピーターを増やして貢献している。

客足が落ち着いて、メディアへの露出も減ってきたのが三年目ぐらい。当初、あまりの客の多さに敬遠されてしまった地元客を呼び込む工夫を齋藤は考えた。五周年のリニューアルの際、店を次々に入れ替えるのをやめてレギュラー店を増やし、内装を落ち着いた大人向けのトーンにして食器も紙皿をやめた。つまり、地元の大人がゆったりとくつろげる空間づくりを心がけたのである。さらに加えたのが地元密着のイベント企画である。

それは例えば、地元のフラチームが踊れるハワイのステージを毎年企画したり、クリスマスイベントに地元のゴスペルチームや子どもたちが歌うステージを設けるといったもの。地元密着の度合いがさらに深まったきっかけは、その二年後の二〇一一（平成二三）年三月一一日に発生した東日本大震災だった。

自由が丘には大きな被害はなかったが、その後の福島第一原発事故を受けて、地域ごとに計画停電を行った際、目黒区と世田谷区にまたがる自由が丘は計画停電が実施されるかどうか、という微妙な位置にあった。直接の被害が少ない東京でも、震度五の揺れは体験し当日は電車が止まった。モノの供給は少なくなり停電の影響や放射能被害への恐怖もあり、街は不安に包まれていた。実際、春は自由が丘への来街者数も大幅に減った。街の人たちも、これからどうなるのか不安に満ちていたのである。

もちろん、齋藤も部外者ではなかった。世の中が自粛ムードに包まれ、テレビをつければ震災報道と公共広告のオンパレード。そんなときに必需品でもないスイーツのテーマパークなど開いている場合だろうか。

齋藤を迷いから救い出したのは、客たちだった。

「いらっしゃっていただけるお客さまを観ると、皆さん笑顔なんです。暗い顔をしていた方も、来ておいしいスイーツを召し上がっていただくと、そのときだけかもしれないけれど、幸せそうな顔になる。『ここが開いててよかった』、『ホッとしたわ』という方、特に地元の方が多かったと思いますが、言ってくださった。自分たちが元気になって経済を回すことが、この事態に際してやるべきことなのではないかと思いました。義援金集めももちろんやりましたけれど、チャリティスイーツをつくって後ろめたい気持ちで食べていただくより、おいしいものを食べることが復興につながると考えよう、と思って行動に移したら、すごく好評だったんです」

そこからさらに自由が丘スイーツフォレストのイベントは、ファミリー層を意識したものへと発展していく。お父さんのためのスイーツ企画であったり、敬老の日のスイーツだったりする。一〇周年のリニューアルでは、ペットの犬を連れて来る常連客たちのために、テラスに犬の水飲み場を設ける、子どもたちが退屈しない遊びのコーナーを設けるなど、さまざまな遊び心あふれる仕掛けを施していくことへもつながっていく。

しかしその前に、齋藤は大きな決断をしていた。ナムコの撤退に伴う転籍である。ナムコと岡田不動産の契約が切れたのが二〇一〇（平成二二）年九月、一年間の出向期間を経て齋藤が正式に転籍したのが二〇一一年一〇月。私は齋藤に、岡田から「大きな会社からの転籍は、勇気が必要だったのではないか」と言われたことを伝えると、彼女は次のように答えた。

「移籍した理由の一つは、お客様と出店している店舗への責任感があります。来てくださっているお客さまがいる以上、この施設は続けるべきだと思ったのと、一緒に苦労してきた仲間であるお店の方たちがいるのに、自分が辞めることは出来ない。

もう一つは仕事として面白いこと。ナムコのフードテーマパーク構想は、もともとメディアなどを使って情報を拡散し、広域からお客さんを呼ぼうというものですが、自由が丘という住宅街を控えたこの場所は、平日にどれだけ地元の方々に楽しんでいただけるかも大事。その手応えを、いろいろな企画を実行していく中で感じられたからでもあるのです。そのやりがいはたぶん、ここにしかない」

そして、自分自身も東急沿線で育ち、自由が丘にはよく遊びに来ていて思い入れがあること、その思いは自分だけのものでなく沿線や地元に住む多くの人たちと通じる気持ちであることを語った。

さらに、上司となった岡田との信頼関係を挙げる。

「岡田は多分いろいろな経験をしていて力もあると思うんですけれど、発想がとても柔軟で私が新しい提案をすると、基本的には面白がってもらえる。そこが本当に信頼できたので、ここでならナムコから出たとしてもやっていけると思いました」

column

製菓・製パンの材料と道具の店クオカの挑戦

スイーツフォレストが入るビル、ラ・クールは地下にスーパー、一階にドラッグストアが入るほか、一階には「製菓・製パンの材料と道具の店」を謳う専門店、クオカが入る。二階にはショコラ専門店オリジンーヌ・カカオ、三階にはお菓子やパンつくり教室、クオカスタジオが入る。スイーツ色が強いテナントミックスにも、齋藤が一枚噛んでいる。その一つ、専門店クオカは、世界でもまれなビジネスモデルといえる。世の中に製菓材料店はある。道具の店もある。しかし、プロも使うような道具を厳選した食材と一緒に並べて売るという店はなかった。「他の店には真似できない」と誇る社長の斎藤賢治さんに聞いた。ちなみに自由が丘スイーツフォレストの齋藤と縁戚関係はない。

現在自由が丘本店ほか六店とインターネットショップを経営するクオカプランニングの社長、斎藤は徳島市出身。父は一八七二（明治五）年創業の砂糖卸業斎徳の五代目。慶応大学へ進み、CM制作会社を経てアサヒビールに就職して営業や新規事業開発などを経験。一九九四（平成六）年に退職。

バックパックを背負って夫婦で世界を一四〇日間回った後に徳島へ帰り家業に入る。その旅の間にインターネットと出会い、一九九七（平成九）年からインターネットショップを立ち上げる。日本では一九九五（平成七）年にインターネット元年と言われた後で、徐々に利用は広まり始めていたが、まだ常時接続はできなかったので、インターネットにつなぐたびに電話をかける形になって長時間ネットサーフィンをすると電話代が非常にかかる時代だった。しかし、斎藤はインターネットショップの未来を見越していた。

「家にはFAXなんてなかったのが一九九〇年代に一家に一台の時代が来た。同じように将来、Eコマースはコモディティ化するだろう。その中でブランディングや差別化に必要なのは、リアルな店だろう。どんなにテクノロジーが進歩して、ブラウザーやモニターから匂いが出るような技術が開発されたとしても、お菓子やパンはリアルの世界でつくるものです。その世界を表現するのに、ヴァーチャルな世界では限界があります。

一方で、インターネットショップでは、二十四時間いつでも買い物できるし、世界のどこにいても買える。そしてその顧客情報を吸い上げる力はリアルな店には限りがある。現在、一〇万件ぐらいのお客様の声が集まっているのですが、その情報量はインターネットショップだからこそ可能なのです。

ですから、お客さまがインターネットで商品を見ながらリアルな店でも買い物をする、という時代が来るだろうと思っていました」

まさにそんな時代が今到来している。斎藤は、現在を予測して同時に高松店を開いた。高松に一号店を開いたのは、この街が四国の玄関口であり支店経済の街でもあったからだ。日本一面積が小さい県だが感度が高い。ここなら、その後東京など全国規模を狙う際に知るべき潜在需要を掘り起こすことができる、と読んだのだ。

東京進出を考えていたのは、世界を回ったことで東京こそ食の情報が集まる世界一の都市だと感じたからだ。自由が丘には最初から目をつけていた。というのは、斎藤自身が一九八〇年代に六年間奥沢に住んでいて、ひんぱんに自由が丘を歩き回っていたからだ。

「松田聖子の店や津川雅彦の店があって、自由が丘は注目され始めていた。ハワイのアイスクリーム店など海外ものの一号店が自由が丘にできる。大学生が一日時間をつぶすにはうってつけの街。雑貨屋が好きなので、『私の部屋』に入ったりしていました。

自由が丘の魅力は、おしゃれでありながら同時に生活に近いところで商売をしていることです。商店街のすぐそばに幼稚園があって子供が遊んでいますし、夕方になると奥さん方が大根を持って買い物している。ヘルパーさんに車いすを押してもらっているおじいちゃんなど、いろいろな人達がいる。

徳島に帰ってからも、東京に来るたびに自由が丘の不動産屋をのぞいていたんですが、出ている商業物件の面積はとても小さい。一〇坪ではクオカの専門店としての世界観を作るのは難しい。他の沿線の郊外へ行くしかないのかなと思っていたところへ、当時ナムコにいた齋藤未来さんから電話があって、スイーツのテーマパークを自由が丘でやるから出店しませんか、と誘われた。

この場所は住んでいた頃、しょっちゅう通っていたんですが、暗い並木道になっていて足を踏み入れたことがなかった。そんな場所あったかなと思いながら行くと、古いアパートを取り壊しているところだった。初めて岡田さんにもお会いしました。二〇〇二年です」

岡田から提案された一階の店舗は四五坪。十分な面積があり、圧倒的な品ぞろえをアピールするには十分な広さだった。何しろ、クオカ自由が丘本店で扱う製菓用チョコレートは一〇五種類、パン用小麦が四五種類もある。斎藤が「世界でもうちだけ」と誇る品揃えは、菓子・パンづくりを趣味にする人たちだけでなく、プロのパティシエらにも高く評価されている。

「マニアックな人は一日ここで悩んでいたい。一方で新しいお客さんも開拓しなければならないので、手づくりキットなども並べて潜在的なニーズも掘り起こそうとしています。リクルート社『ケイコとマナブ』のやってみたい習いごとランキングでは、三位お料理、四位お菓子、五位パンなんです。キットで必ずおいしいお菓子ができることを体験してもらい、お菓子づくりの楽しさを知ってもらうことは、われわれの使命だと思っています。

うちの商品は安くはないけれど、それは良い材料を使っているからです。もともと、製菓・製パン材料を扱おうと考えたのは、家内が良い小麦粉を使ったらおいしいパンができると言っていたことがきっかけでした。自由が丘がすごいなと思ったのは、オーガニックのものなど良い材料から売れていくところです」

現在は、ラ・クールの三階のレッスンスタジオでプロ用のオーブンを使ってパティシエが教える教室を開いている。材料費がそれなりにかかることもあり、決して安くないレッスンだが、予約がなかなか取れないほど人気だという。

店としての売上も、初年度から現在まで右肩上がりで伸びている。インターネットショップもリピート率が八五%と人気が高い。自由が丘店ができたことで、都内の百貨店などから引き合いもあり、現在都内で四店、京都に一店、そして高松店と現在リアル店舗を六つ展開している。自由が丘のブランド力を利用して、本店が自由が丘にあることをより強調し、店の認知度を高めていこうとしている。また、自由が丘の商店街振興組合にも加盟し、地域の振興のためにも貢献したいと語る。自由が丘に拠点を置き、お菓子づくりの楽しさを一人でも多くの人に知ってもらいたい、というクオカの挑戦はまだまだ続く。

第二章

タケノコの村から始まった

1 文化人が集まる村

自由が丘は、いくつもの「もし、あのときこうしていなかったら」という選択を重ねて発展した街である。その中の一つでも、新たな道を選んでいなかったら、日本中から、あるいは世界から観光客が集まる人気の街にはなっていなかったかもしれない。自由が丘が特別な街として現在あるのは、いくつもの決断をした結果なのである。ここでは、歴史にどんな「もし」があったのかをたどりながら、先人たちの足跡を確認していきたい。

『衾村栗山家文書』（目黒区守屋教育会館編・郷土資料室発行・一九九〇年）という資料がある。これによると、八雲の東岡寺が建立されたのが一三六五（貞治四）年であることから、現在の東が丘・柿の木坂・八雲・平町・中根・大岡山・緑が丘、そして自由が丘の地域が村として成立したのは、一四世紀半ば以降と考えられる。農地が本格的に開発されるのは、七軒百姓と称する栗山・小杉・益戸・白子・青山・新倉・岡田の七家が定住した、一六世紀末頃からである。当時、この地域は衾村と呼ばれていた。

衾村は江戸へ野菜を供給する近郊農地として発展したが、特に有名なのがタケノコである。今でも目黒・世田谷地域には、当時の名残である竹林がところどころに残っている。「目黒のタケノコ」が有名になったのは、少し地域は違うが目黒不動尊の山門前で、春に料理屋で出されるタケノコ飯が名物料理だったからである。

そんなタケノコの村が変貌するきっかけは、近代になって盛んに行われた鉄道の開発である。歴史の最初の、そして最大の「もし」である。このときの選択で竹林は伐採され、あたりは郊外住宅地として新たな発展を始めるのである。

衾村周辺で最初に通った鉄道は、目黒蒲田電鉄の目蒲線（現在は目黒線・多摩川線に分かれている）である。一九二三（大正一二）年三月、目黒―丸子（現在の沼部駅）間が開通し、奥沢駅が開業。一一月には蒲田まで全線開通。衾村の人々も奥沢駅を利用するようになったが、田んぼの中の細い道を歩いて駅まで通うのは不便だった。そこへ東京横浜鉄道（現東急東横線）の渋谷―横浜間をつなぐ鉄道の敷設計画が浮上する。衾村にも鉄道が通る予定があった。情報を聞きつけ、これを発展の好機と捉えた衾村の人々は、一九二六（大正一五）年に耕地整理組合を結成し、宅地開発を行うのである。

日本では日清日露の戦争をきっかけとして、二〇世紀初頭に産業革命が始まっていた。次々と新しい産業がおこって発展する都市には、明治半ばから昭和初期にかけて仕事を求める人々が集まった。一方で、その都市には工場が林立し、煙突からのばい煙や排水の汚れなどで公害が発生するようになっていた。『檸檬』で知られる小説家の梶井基次郎をはじめ、都市に住んでいた多くの人が結核で亡くなっているが、その原因と考えられるのが、工場のばい煙で汚れた空気である。

空気のきれいな郊外へ移り住む人が増え、郊外住宅地の需要は増していた。同時に必要とされたのが鉄道である。郊外に住む人々は、鉄道で都心にある会社へ通勤したり、百貨店などに買い物に出かけたのである。東京や大阪では私鉄が次々と生まれて郊外と都心を結ぶ鉄道を敷いていった。同時に郊外に住宅地も開発した。

現在の東急電鉄は、もともとイギリスの郊外住宅地を手本に健康的な環境の都市をつくろうと洗足と田園調布で宅地開発を行った、田園都市株式会社から分離独立した目黒蒲田電鉄が前身である。その後、池上電気鉄道（現東急池上線）や東京横浜鉄道などを吸収合併して大きくなっていく。

近代日本で宅地開発を行ったのは、主に私鉄、土地会社、耕地整理組合の三者である。私鉄は沿線に人を集めるのが目的だ。土地会社は、兵庫・芦屋の六麓荘など高級住宅地の開発を中心に行った。そして耕地整理組合は、農地を耕作しやすいよう整理するための法律を応用し、住宅地を形成した。衾村にできた耕地整理組合は、そのような時代の流れの中にあるものだったのである。

東京には、もう一つ郊外の発展を加速させる要因があった。それは、一九二三（大正一二）年九月一日に起こった関東大震災である。都心は壊滅し、新天地を求める人々が、郊外へ移り住んでいった。一方で、発展する都会に仕事を求めて地方からやってくる人も多く、東京は人口が急増していた。この時期、人口が最も急激に上昇したのは、現在の東急大井町線の荏原町であるが、一九二五（大正一四）年の国勢調査で、震災前の五年前の調査時と比べて約八・五倍にまで人口がふえている。衾村も、この時期の人口移動の恩恵を受けている。そして、衾村はこの時代の流れを利用し、さらなる飛躍を果たす。「もし」の二つ目である。

一九二七（昭和二）年、東京横浜鉄道の渋谷―丸子多摩川間が開通している。このとき、現在の自由が丘デパートの北口あたりに「九品仏」駅ができた。九品仏はもちろん九品仏浄真寺のことである。桜木町まで全線開業するのは一九三二（昭和七）年である。

一九二七年には大井町線の大井町―大岡山間も開通している。この大井町線を二子玉川まで延伸するにあたり、九品仏駅を廃止しようという話が持ち上がっていた。近くに田園調布駅と奥沢駅があるからこれ以上駅はいらない、というわけである。その話を聞きつけたのが、村の大地主の一人、栗山久次郎である。栗山は元衾村村長で耕地整理組合の組合長である。彼が東京横浜鉄道の社長に膝詰め談判した結果、九品仏駅は存続し、大井町線の駅も設けてターミナルにする、という結果をもたらしたのである。

その際、九品仏浄真寺前にも大井町線の駅ができたので、駅名の九品仏はそちらへ譲り、現在の位置に東横線の駅も移動させた。新しくできたターミナル駅は「自由ヶ丘」となった。もし栗山久次郎がいち早く動かなければ、あるいは交渉力がなければ、自由が丘には駅がなくなり、単に東急線の線路が走る住宅街になっていたかもしれない。少なくとも、現在のような形に発展することはなかっただろう。栗山久次郎は、鉄道駅が街の発展には不可欠ということを見抜いていたのである。熊野神社の境内には、町に発展をもたらした彼の銅像が建っている。

ところで、衾村にできたターミナル駅は、なぜ自由ヶ丘という名前になったのだろうか。この頃、駅名には地元の村や町の名前をつけることが多かった。例えば現在の学芸大学駅は碑文谷駅、都立大学駅は柿ノ木坂駅とつけられた。なぜ突然「自由ヶ丘」という名前が登場したのか。

この名前は一九二七年に設立された自由ヶ丘学園小学校に由来する。創立者の手塚岸衛は、当時最先端の自由教育を行おうと衾村にやってきた。背景には大正時代から盛んになったデモクラシー運動があった。明治末に産業革命が始まり、工業が発展したことで、上流階級と労働者の間に、企業に勤めて給料をもらい安定した生活を営むサラリーマン層が生まれた。財産はないが、経済的にはゆとりがある中間層である。彼らが財産や家業の代わりに、子どもたちに与えてやれたのは学歴であった。教育熱心な中間層は近代に生まれたのである。

新しい時代にふさわしい、自主独立の精神を求める動きが始まっていた。この頃、何者にも拘束されない自由な教育を行い、新しいコミュニティをつくろうとした人たちが、次々と学校を創立していた。その代表的な存在が、一九二一（大正一〇）年に羽仁もと子が創立した自由学園である。このほか、澤柳政太郎の成城小学校、西村伊作の文化学院などがある。

手塚岸衛も自由を重んじる教育を行おうとしたのだが、自由学園という名前はすでに使われていたので、現在大丸ピーコックの駐車場がある小山を丘だと強引に決め、学校の名前を自由ヶ丘学園小学校とした。

この学校は、一九三七（昭和一二）年に小林宗作が引き継いでトモエ学園を設立。黒柳徹子の大ベストセラー『窓際のトットちゃん』に出てくる彼女が通った電車の校舎がある小学校である。自由奔放な性格だったトットちゃんは、トモエ学園に通ったことで自分が「いい子」なんだと安心して成長し、やがて日本を代表するタレントになるのである。

さて、その頃の自由という言葉は、現在とはニュアンスが違っていた。今、自由と言うと束縛がない“Free”をイメージする人が多いだろう。しかし、当時は権利という意味も持つ“Liberty”のニュアンスを強く持っていた。共同体などに依存するのではなく、独立した個人としての自由を獲得した人を、手塚岸衛ら自由教育を標榜する教育者たちは育てようとしたのである。

近代化が進み、それまでの社会にはなかった新しいビジネスが次々と生まれる時代である。従来にはない新しい価値を持つ、独創性のある個人が必要とされていた。だからこそ、自由教育は盛んになったのであるが、一方でこの頃の日本はまだ、農村を中心とした社会であり、多くの人々は急には変われなかった。共同体が主体の社会で、自由な精神を持つ人々は異端だった。異端は異端を呼ぶ。手塚には志を同じくする仲間がいた。

栗山久次郎は、社会の異端者である彼らに居場所を与えた。そして、手塚が住み心地が良い衾村に呼んだ仲間の一人が、ヨーロッパ留学の際に親交を深めたモダンダンスの先覚者、石井漠である。彼もこの土地を気に入り、現在のＴＳＵＴＡＹＡがある場所に、一九二八（昭和三）年、自由ヶ丘石井漠舞踊研究所を創設する。

やがて多くの文化人がこの村に集まり、手紙を盛んにやり取りするようになった。そのときに彼らが住所として書いたのが「自由ヶ丘」だった。自由が尊重されるこの土地の名前を、勝手に「自由ヶ丘」と命名したのである。のどかな時代のこと、彼らの手紙はちゃんと届いている。そして、その名前が駅名にも採用され、一九三二（昭和一二）年六月三〇日には村の正式住所が「自由ヶ丘」になった。文化人らがこの名前の母親だとすれば、栗山久次郎は父親というわけである。

このあたりから、駅前には商店街ができ始めていた。よろず屋だけしかなかった村には、魚屋、八百屋、米屋、酒屋、蕎麦屋、洋品店、パン屋、カメラ屋などができていく。そして、一九三七年には商店街の協同組合も生まれている。

自由ヶ丘に集まった文化人たちは、しょっちゅう集まっては議論を楽しんだ。その中から新たな作品も生まれていく。自由が丘を舞台にした小説なども書かれた。彼らは戦後になると、自由ヶ丘文化人会を組織する。そのメンバーがすごい。

まず、手塚岸衛、石井漠がいる。それから日本画家の福田豊四郎、ジャーナリスティックな小説で知られる小説家の石川達三、『青い山脈』や『陽のあたる坂道』を書いた小説家の石坂洋次郎。「太陽の塔」などの前衛作品で知られる美術家の岡本太郎、随筆家の渋沢秀雄、「赤とんぼ」など童謡の作者として知られる作曲家の山田耕筰。詩人の大木惇夫、後に駅前広場の「女神の像」を造った彫刻家の沢田政廣、洋画家の小絲源太郎、舞踊家の江口隆哉。洋画家の岡田謙三、写真評論家で日大芸術学部教授の金丸重嶺、放送作家の伊馬春部。作曲家・指揮者の篠原正雄、「ゴジラ」で知られる作曲家の伊福部昭、作曲家の石井歓、東海大学教授の末松満。テレビもなかった時代、文化人は現在で言えばタレントのような存在で、彼らの発言の社会的影響力も大きかった。

この他にも東郷青児が街に出入りし、自由が丘文化人会のメンバーとも交流を持っている。その名残りが、モンブランの店内にある壁画である。同店ではパッケージも東郷青児がデザインしている。小説家の三島由紀夫も街と関わりを持ち、一九五六（昭和三一）年の祭りの写真に、三島由紀夫が写っているものがある。画家の小磯良平もこの街に関わりを持っていた。

戦争の影響で仕事に困っていた文化人会のメンバーを支えたのは、藤原写真場の藤原正だった。おそらくは、一風変わっていたであろう文化人たちに居場所を与えた自由が丘の人々は、やがて、芸能人など顔が知られた有名人たちとも、さり気なく接するこの街の気風を育てていく。

しかし、戦争で居心地が悪い思いをしたのは、文化人たちだけではなかった。一九三七年に日中戦争が勃発すると、自由ヶ丘という地名は、軍部に支配される国で煙たがられるものになっていく。名前を変えるようという圧力は再三かけられたが、街の人々は頑として自由ヶ丘の名前を守り続けた。

言論の自由も奪われた長い戦争の期間、この街が自由ヶ丘で在り続けられた背景には、陸軍と海軍の対立があったと言われている。自由が丘に隣接する奥沢には、海軍村と呼ばれる将校が多く住む地域があった。虎ノ門にあった海軍省と横須賀の海軍鎮守府の中間地、と立地がよかったからである。

しかし、名前を守り通した自由ヶ丘も戦火からは逃れられなかった。一九四五（昭和二〇）年四月、五月の二度の東京大空襲で駅前は焼け野原になる。その前に建物疎開のため、いくつかの商店が延焼を防ぐために引き倒されていたが、その甲斐もなかった。しかし、いくつかの建物が残った。それは商店会の人々が必死で水をかけたおかげだった。

2 映画の街から雑貨の街へ

自由が丘の復興は戦後の闇市から始まる。一九四五（昭和二〇）年八月に敗戦が決まった後も、まじめに配給の食糧を使うだけでは生き延びることができないほど、物資は不足していたが、大井町線の線路沿いにできた闇市には何でもあった。その闇市はやがて鉄筋コンクリートのビルとなって現在に至る。一九五三（昭和二八）年にできた自由が丘デパート、翌年にできたひかり街、その翌年にできたサンリキである。

街の発展の始まりに、駅前広場の建設があった。戦前の商店街は駅の前まで迫っていた。その場所を自由が丘にふさわしい顔にするために、広場にしようという案が持ち上がったのである。当然、空襲で焼ける前にその土地を利用していた商店主たちは反対する。喧々諤々の議論、果ては取っ組み合いの喧嘩までして街の人が選んだのは、駅前広場をつくるという道だった。これがこの街の三つ目の「もし」である。

土地の地主だった栗山純一が街に寄付し、駅前広場ができた。広場には噴水や椰子の木が置かれた時期もあり、小さな街にぽっかりと開放的で上品な雰囲気をつくる。まだ牛が糞尿を運ぶのに使われたような頃で、自家用車は珍しかったが、後背地に住む人たちの中には車を持つ人もいた。駅前の送り迎えにロータリーは使われた。また、先進的なこの広場があるおかげで、この街の雰囲気に惹かれ、やってくる人もいただろう。駅を降りてすぐ、玄関口の顔の重要性を、街の人々は認識していたのである。

やがて復興が本格化し、自由が丘には次々と映画館ができていく。最盛期には東宝・東映・松竹・日活・大映の大手五社の映画館と洋画専門館、合わせて六軒の映画館があった。郊外でこの軒数は珍しく、自由が丘は映画の街として人を集めた。映画関係者や俳優なども自由が丘やその周辺に住むようになる。

一九五八（昭和三三）年、この街を舞台にした石坂洋次郎原作の『陽のあたる坂道』が、のちに結婚する石原裕次郎と北原三枝のコンビで映画化される。新しい時代を生きる家族の民主的な再生を描いた今作で、石原裕次郎が公衆電話をかけるシーンに駅前広場が登場する。

昭和二〇〜三〇年代、日本は映画ブームに沸いていた。世界を代表する黒澤明や小津安二郎の名作が次々と封切られたのも、美空ひばり主演などの大衆娯楽映画がたくさんできたのも、この時代である。戦後といえば必ず登場する並木路子の『リンゴの唄』は、一九四五（昭和二〇）年十月に封切られた映画『そよかぜ』の挿入歌である。

他にそれほど娯楽があるわけではない時代のこと、映画館は全国各地にでき、小さな町にも映画館があった。映画館数が最も多かったのは一九六〇（昭和三五）年で七四五七館、入場者数のピークは一九五八（昭和三三）年で一一億二七四五万人、一人あたり年間一二・三回、つまり月に一回は映画館に行った勘定になる。しかし、この映画館数と入場者数のズレからわかるように、映画はやがて衰退を始める。テレビが普及するのである。

テレビの本放送が始まったのは、一九五三（昭和二八）年である。最初のうち、テレビは非常に高額だったため、お金持ちの家に置かれるか、飲食店が客寄せに置く程度だった。「テレビあります」のビラ一つで、あふれんばかりに人が集まったのである。

やがて、一九五九（昭和三四）年の皇太子（現天皇）のご成婚や一九六四（昭和三九）年に開催された東京オリンピックを契機に、一家に一台の時代がやってくる。人々のテレビへの憧れをかきたてたのは、おそらく誰もが鑑賞できた街頭テレビである。最初の民間放送局、日本テレビの社長だった正力松太郎が、首都圏の駅前や広場などに置いたもので、自由が丘にも駅前広場に受像機が置かれた。この街にも、当時黒山の人だかりの向こうから、プロレス中継を観たという人がいる。

そのテレビの普及に伴い、映画館へ行く人が少なくなっていく。テレビが全盛期を迎えると、人が集まらなくなった映画館は採算が合わなくなって消えていく。自由が丘の映画館も封切館から二番館へと替わっていき、昭和五〇年代には三館に減る。地元の人々も封切り作品を観るために渋谷へ行き、地元では映画を観なくなっていく。最後に残った自由が丘武蔵野館が閉館したのは、二〇〇四（平成一八）年二月である。

「自由ヶ丘」が現在の表記の「自由が丘」に変わったのは、一九六五（昭和四〇）年である。この頃には、後背地として田園調布他の高級住宅街を控える自由が丘は、センスがよい洋品店が集まる街として、口コミで知られるようになっていた。地元の人だけでなく、わざわざ買い物に来る人たちが現れ、知る人ぞ知るファッションの街になっていくのである。

自由が丘というモダンな響きを持つ名前を全国に伝えたのは、メディアである。一九七〇年代になると、若い女性をターゲットにした女性誌が次々と創刊される。高度経済成長で日本が豊かになり中流層が分厚くなるにつれ、高学歴化が進んでいった。少し前まで、女性たちは小学校や高等小学校を終えるとすぐに奉公に出たり工場で働くなどして実家を支えなければならなかった。そして結婚して、朝から晩まで、家事に家業の手伝いに育児に、と働き詰めの人生を送る。

それがこの頃になると高校へ進学することが当たり前になり、短大や大学に進学する人々も現れる。家事手伝いと称して、学校を卒業した後、結婚するまでの猶予期間を持てる女性も増えていくのである。女性たちが青春期を謳歌する時代になった。

そんな女性たちに向けて発行されたのが、『ａｎａｎ』、『ｎｏｎ－ｎｏ』、『ＪＪ』などのファッション誌である。そういった女性誌で、おしゃれな街として自由が丘が取り上げられるようになり、雑誌を読んだ女性たちが街に遊びに来る。京都・嵯峨野や山口・津和野などの観光地に女性たちが大挙して訪れ、アンノン族と言われるほど、雑誌の影響力が大きくなった。ディスカバー・ジャパンの掛け声のもと、旅行ブームになった時代である。

『ａｎａｎ』は当初、型紙がついていないということで人々に衝撃を与えた。衣食住の衣から復興した日本では、洋服は手づくりされてきた。またはオーダーして誂えるものだった。戦後は洋裁ブームが起こり、ドレスメーカー女学院（現ドレスメーカー学院）や文化服装学院などの洋裁学校がその頂点になる。手に職をつけようと、全国各地にできた洋裁学校へ通う女性が急増したのである。やがて日本が豊かになるにつれ、洋裁学校へ通う目的は、花嫁修業に変わっていく。この頃青春期を迎えた女性たちは、自分の洋服を縫い、やがて結婚して子供ができると、わが子の洋服を縫う母になるのである。

いずれにせよ、洋服は手づくりが前提で、そのために文化服装学院系の文化出版局が出す『装苑』や、ドレスメーカー女学院系の『ドレスメーキング』には、必ず型紙がついていた。雑誌を見て欲しいと思った洋服は、手づくりできる仕組みになっていたのである。しかし、『ａｎａｎ』にカタログはない。既製服時代の幕開けである。やがて『ａｎａｎ』は、読者からの要望で誌面に載せた洋服の購入先を記すようになる。現在もファッション誌は購入先の店を記すことが定着しているが、その慣行は一九七〇年代に始まったのである。

ファッション全盛期のこの時代、次の時代を予測して新しいビジネスを興した人がいた。その名を前川嘉男と言う。慶応大学大学院でフランス文学を研究した彼は、出版社に出入りする中で、婦人生活社と新しいスタイルの雑誌を出す。それが、一九七二（昭和四七）年に創刊された『私の部屋』である。

素敵なインテリアの部屋を観た読者は、ファッション誌のときと同じく、誌面に載ったものがどこで手に入るかを知りたがった。そこで同年、前川が妻の実家がある新潟県で実験店を開く。そうして一〇年後の一九八二（昭和五七）年に自由が丘で、「私の部屋」がオープンする。

前後して、東京にはいくつもの雑貨の店ができ始めている。一九六六（昭和四一）年、ソニープラザ。一九七四（昭和四九）年、オレンジハウス。一九七八（昭和五三）年、東急ハンズ渋谷店。一九八一（昭和五六）年、アフタヌーンティー、F. O. B COOP。一九八二年、クロワッサンの店。一九八三（昭和五八）年、無印良品青山店。一九八一年一二月には『クロワッサン』で雑貨スタイリストの草分け、吉元由美によるエッセイ「雑貨に夢中」の連載が始まっている。

雑貨という言葉が生まれたての時代に自由が丘に拠点を置いた前川嘉男は、その後二〇〇〇（平成一二）年～二〇〇三（平成一五）年に自由が丘商店街振興組合の理事長を務める。第一章で紹介したコミュニティーマート構想の際、真っ先に手を挙げて店の前のサンセットアレイを石畳に変更した立役者であり、まちづくり会社、ジェイスピリットの発案者でもある。また、次章で紹介するデビットカード導入の際に、いち早く情報を街にもたらした人だが、残念ながら二〇〇九（平成二一）年に世を去った。二代目で、私の部屋リビングの社長である前川睦夫へのインタビューをここに収録する。

column

雑貨の街・自由が丘の基礎を築いた「私の部屋」

私の父は、フランス文学を研究していた慶応大学大学院時代に、『フィガロ』や『ELLE』などのフランスのモード誌を日本語に翻訳するアルバイトをしていました。それで、婦人生活社で新しい本を出そうとなったときに、『私の部屋』という雑誌の企画を出して採用されたんです。最初は、『服装』という雑誌の別冊としてスタートし、やがて独立した雑誌になります。

父がインテリアの雑誌を出そうとしたきっかけは、高度経済成長に対する違和感です。どんどんモノをつくって、どんどん売って経済を拡大していくという発想は、どこか異常ではないかと思っていたんです。父が知っていた当時のヨーロッパは、日本と同じように高度経済成長を経験していましたが、すでにモノの豊かさより内面的な豊かさを求める方向へ転換していた。内面を充実させる一つの方法として、自分の部屋や家を大切にしようという価値観がありました。本当の豊かさは車を買ったり洋服を買うことにあるのではなく、自分の部屋で一人で過ごしたり、家族で過ごす時間を充実させるところにあるのではないかという考え方です。雑誌『私の部屋』では、部屋で楽しむいろいろなアイデアを紹介したり、部屋を充実させている人を紹介していました。テーブルコーディネーターのクニエダヤスエさんや、イラストレーター・デザイナーの大橋歩さん、イラストレーター・デザイナーの内藤ルネさんなど、どちらかといえばファッションをやっていたような人たちが、インテリアにも関心を持っていて誌面に登場しています。また、誌面でその後日本に定着した、キルトなどの紹介もしています。手づくりということも注目され始めた時代でした。

その頃は、まだ世の中に「雑貨」という言葉もない時代で、食器は荒物屋などで買う時代でした。読者から「どこで買えるのか」という問い合わせが編集部に来るようになり、実験店を新潟市でスタートさせることにしたんです。新潟市は母の実家があるところです。今では当たり前になりましたが、父は雑誌とお店を連動させようというビジネスモデルを考案したのです。

翌年には、これもまだなじみのないフランチャイズというビジネスモデルを知り、地元で「私の部屋」の店をやりたい人のために、フランチャイズチェーンをスタートさせました。ただ、時代が早過ぎたようで当時に始めて現在も残っている店はほとんどありません。

最初は仕入れが大変だったようです。例えば、医療用の家具を作るメーカーに行って、メディスン・キャビネットと呼ばれる医者が使う棚を、「真っ赤に塗り替えてください」と頼んだり、和食器をつくっているところに行って「同じ釜で洋食器の形でつくってください」とか「ホーロー引きにして白く塗り、マークを入れてください」などと頼む。苦労しながら商品開発をしたようです。

父が自由が丘を気に入ったのは、住宅街と商店街がこれほど調和している街はないと思ったからだそうです。パリやロンドンには、アパルトマンがあって一階にパン屋さんなどお店が入っているような街があるけれど、日本にはそれがなかなかなかった。銀座や新宿のように大きなビルがたくさんある都心か、住宅が中心で、日常で使う食材などを扱う商店街のある郊外がほとんどでした。父の理想は、生活を営んでいる人たちの近くで雑貨の店をやることだったので、自由が丘はその条件に適っていてよかったと聞いています。

さらにこの街にしてよかったのは、街の人たちやお客さんと毎日会話することで、店のレベルが上がっていったことです。この街には、航空会社や商社に勤める人や、ジャーナリスト、大学教員、芸術関係の人たちなど、海外の暮らしも知っている人がたくさんいたので、彼らの要望に応えていくことで品揃えが洗練されていったと聞いています。

一九八〇年代半ばになると、自由が丘に松田聖子の店、フローレンスセイコができ、自由が丘を舞台にした映画が公開されたりして、街が一気に全国区で有名になりました。大勢の人が訪れるようになり、「私の部屋」がある周辺も、もともとは住宅街だったのですが、建て替えなどを機に住んでいた人が引っ越していくんです。また、一階を店にして二階を住居にするような建物もふえていきます。

父は、わざと外れ立地というか、細い路地に店が並んでいるヨーロッパのような街をイメージして現在の場所に決めたんですが、逆にそれが注目を集めて、いろいろなところからお店を出したいという方が店の周辺に集まってきます。また、「私の部屋」を他でも開いてほしい、との要請も多くあり、銀座の阪急百貨店さんから「自由が丘をテーマにしたい」と出店依頼があったりしました。

よく雑貨ブームという言い方をされますが、それはくり返し訪れていると思います。最初のブームは、一九六〇年代から一九七〇年代にかけてアメリカンカルチャーが入ってきたとき。次は「私の部屋」自由が丘店がオープンした一九八〇年代。その後、デザイン雑貨や北欧雑貨などの小さいブームが起き、今はあらゆる業種が雑貨店化していると思います。

代官山蔦屋書店を筆頭に大型書店が雑貨を置くようになったり、アパレルショップが、ライフスタイルショップという名前を使ってファッションと雑貨をミックスするようなお店を出している。背景には本や洋服の消費の伸び悩みがあるのですが、結果的に雑貨の大きなブームが起きているのです。

私自身は、一九八六（昭和六一）年にパリの生活用品店、キャトル・セゾンと契約して、翌年に自由が丘店を開きました。「私の部屋」が和を中心にした品揃えであるのと対照的に、キャトル・セゾンはフランスやヨーロッパの暮らしを紹介しようという考え方です。父は、双方が切磋琢磨することで成長していけたら、と考えたのでしょう。

このキャトル・セゾンで今、ダイワハウスさんとコラボレーションをして家をつくっています。ダイワハウスさんが持っている躯体や構造、基本的な設備のうえに、デザインや内装デザインを当社が請け負う形で、戸建てですでに一〇〇軒ほど事例があります。

今は老人ホームなど医療系の分野が気になっています。父も最期は老人ホームに入らざるを得なかったし、家に帰りたいけれどそれも許さない体調の人が、少しでも心地よく過ごせる空間ができないかと考えています。

サンセットアレイを石畳の道にしたのは、日本の街はデザインがちょっと貧しいのではないかと父が考えていたことから始まりました。アスファルトではなく石畳の路面で、電柱ではなく街路灯がある町並み。街そのものを魅力的にしたいと考えたのです。

この地区は、小さな地主さんがたくさんいたので、一軒一軒父が説得して回りました。最初はなかなか賛成の人がいなかったのですが、できるところからやってみせると、他の地主さんも「じゃあうちもやろう」となって、美しくなったので建物の借り手が見つかりました。

父は豊中市生まれで終生関西弁だったのですが、その独特な語り口調のため話を聞いてもらいやすかったのかもしれません。大学や文学関係など仕事と関係がない友だちがたくさんいました。そういう友だちから情報が入ってくることもあったようで、デビットカードの日本導入もいち早く情報を得て、岡田一弥さんに勉強するよう伝えることができたようです。

父は病気で自由が丘商店街振興組合の理事長の職を背負いきれなくなって二〇〇三年にリタイヤしたのですが、そこからどうしても本をつくりたいと言って、フランス文学の本を書いたんです。書いたら元気になって、余命三ヶ月か半年と言われたところを五年以上生きながらえました。

3 女性たちが憧れる街

自由が丘が発展を始めたのは、一九二九（昭和四）年に東急電鉄のターミナル駅になったことがきっかけだが、戦争でいったん街の成長は中断する。後背地の高級住宅街に住む人たちの日常に必要なものを売っていた駅前商店街の性質が、ショッピングを楽しむ人たちが訪れる広域商店街へと本格的に変わり始めたのは高度成長期からだ。

まず、全国にスーパーが次々と誕生していた高度成長期前半の一九六三（昭和三八）年、大丸ピーコックができたことで、周辺にあった魚屋肉屋八百屋といった店が客を奪われ、次々と閉まる。ビルを建ててテナント貸しを始めるところもあれば、街を出て行った人たちもいる。もちろん、米屋の玉川屋など現在に至るまで営業を続ける店もある。この年、戦争でいったん解散していた自由が丘商店街振興組合が再結成されている。

昭和四〇年代に入ると、駅前に東急プラザや丸井ができ、若者の街、ファッションの街としての体裁が出来始める。

街の人たちの強い要請を受け、駅に南口ができたのが一九六五（昭和四〇）年。そこから南口への人の流れができはじめ、一九八一（昭和五六）年に東急ストアが開業したあたりから、南口駅前の建物が次々と建て替えられていく。昭和の終わりから平成の初めにかけて、連れ込み旅館があり人通りも少なかったエリアに、アパレルショップが入るテナントビルが次々と建ち、南口エリアもファッション街として生まれ変わる。

正面口側は、一九八二（昭和五七）年に「私の部屋」ができたことをきっかけに、住宅街だった路地の奥にも、ファッション関係の店が出来始める。一九九〇（平成二）年には駅前ロータリーから続くカトレア通りの先に、ヴェネチアの街並みを模した商業施設、ラ・ヴィータがオープンしている。緑あふれる住宅街エリアの手前にオープンしたこの場所は、たびたびメディアに取り上げられている。この頃になると、自由が丘はファッションの街、雑貨の街としてすっかり有名になっている。

さらに時代は進む。一九九八（平成一〇）年にはモンサンクレールが、二〇〇三（平成一五）年には自由が丘スイーツフォレストができ、新旧の名店が集まる自由が丘は、スイーツの街として認識される。第二章で取り上げたように、スイーツフォレストはオープン当初、爆発的な集客力を誇り、テレビや雑誌などでくり返し取り上げられ、注目を集めた。二〇〇四（平成一六）年にはスイーツフェスタも始まり、自由が丘は自他ともに認めるスイーツの街として認知される。そして繁華街から外れた場所にできた両者の影響で、さらに商店街のエリアは広がっている。

自由が丘にとって幸運だったのは、地元の人の日々の御用達商店街から広域の客を集めるファッションタウンとして変わっていく時代が、ファッション誌が次々と創刊された時代と重なったことだ。そして、自由が丘が変貌した昭和後期は、メディアの伝播力もあって東京が全国の若者たちの憧れの対象として強い存在感を持った時代でもあった。

自由が丘が銀座や渋谷、新宿などの都心の街と異なるのは、ビル街の中ではなく住宅街の中にファッション、雑貨、スイーツほか飲食店などの店が並ぶ繁華街があることだ。巨大なビルがなく、商店街を一歩出れば住宅街になる、あるいはビルの上層階は人が住んでいる、という生活に密着した街であること。広域から訪れる客をもてなす街になっても、基本的には周辺に住む人たちの御用達であるという街の性格は持ち続けているのである。

雑貨は生活の中で使うものであり、親しい誰かへの贈り物になる。スイーツは誰かの家を訪ねるときにおもたせとして買われていた駅前菓子店の発展形である。それらが自由が丘を特徴づけるジャンルになることは、生活を背景にした繁華街であるという街の性格上の必然でもあった。繁華街であると同時に生活の街であることが、「私の部屋」やクオカなどの、そのジャンルに特化した専門店が、本店を構える場所としてこの街を選ぶ要因になっている。

自由が丘が魅力を保ち続ける要因の一つは、常に街がその時代にふさわしい姿へと更新されていくことだ。言い方を変えれば、それは生存競争が厳しく、役割を終えた店や集客力が落ちた店が撤退していくということでもある。何しろ三年続けば本物、という噂のある街なのだから。そのあたりの変化は、岡田が所有していた土地の利用者の変遷からも観ることができる。

例えば、現在ヤマダ電機がある場所は、もともと岡田家の土地であり、キャベツなどを栽培する畑だった。地元の子どもたちが通う目黒区立緑ヶ丘小学校が近いこともあり、子どもたちがトンボ釣りをして遊ぶ場所でもあった。

それが高度成長期、カラーテレビ、自動車、クーラーが三Cと言われる車社会が始まり、駐車場になった。周辺にあった小売店に来る買い物客などに利用されている。

一九八八（昭和六三）年になると、マイカルが進出。スーパーが郊外に大型店舗を構える時代だった。しかし、平成不況でマイカルの経営が厳しくなって撤退し、二〇〇〇年代初めにヤマダ電機が入った。土地の所有権は現在ヤマダ電機にある。

南口の緑道沿いは、大きく変貌したエリアだが、その中で岡田家所有の土地の利用をみると、時代に応じた変化があることがわかる。

南口の緑道沿いの土地に岡田ビルをオフィスビルとして建てたのは、一九八五（昭和六〇）年です。うち隣もうちが持っている土地でしたが、春秋という名前の特殊旅館、いわゆる連れ込み宿でした。うちのビルが建ったことで明るくなるのでお客さんが入りにくくなる、と言われて四メートルの壁を建てて光を遮ることにしました。

しかし、その頃から南口は建て替えラッシュが始まり、周囲は次々とメルサなどのファッションビルに変わっていきます。連れ込み旅館も成り立たなくなり、また経営者の高齢化もあって取り壊すことになりました。

そこへメリーチョコレートから、「レストラン事業をやりたい」という話が持ち込まれたので、一九九一（平成三）年頃に鉄骨二階建てのビルに建て替えました。

メリーチョコレートさんの話は面白いんですよ。一九五〇（昭和二五）年に創業したときの経営者は原さんと言うんですが、先代が亡くなって跡を継いだ女性が節子さんと言った。先日亡くなられた大女優の原節子さんと同じ名前です。

メリーチョコレートは一九五八（昭和三三）年、伊勢丹の食品売り場で初めてのバレンタインセールをやります。すぐには売れなかったのですが、やがて他の洋菓子メーカーも加わってバレンタイン商戦を繰り広げるようになって成功する。メリーチョコレートはご存じのように、デパ地下などで多店舗展開をして業績を伸ばしていった会社です。

そんな風にして、メリーチョコレートが勢いを持っていた一九八〇年代に、陶器の販売をしていた私の叔父のところへ、バレンタイン向けの新しいアイデアはないかと相談したそうなんです。叔父の店も当時は国鉄の駅ビルに入るほど業績を伸ばしていて、原さんとは知り合いだったんです。そこで叔父が「いい陶器に入れたらどうか」と提案して、高級チョコレートを陶器に入れたものを出したら、かなりの値段になったのですが、バブル景気の影響もあってよく売れたそうなんです。

旅館春秋があった場所への進出は、最初業者さんを通して話が来たんです。ところが少しくわしく話をしてみると、叔父と原さんの間につながりがあったことがわかり、私もご縁を感じたのです。実はこの土地は三角形の敷地で使いにくいのですが、信頼関係があると面白いもので、お互いに何とかポジティブな方向に持って行こうとするのですね。岡田ビルのテナントを入れ替えるような形で二階を提供し、厨房をつくりました。そうすることによって、二階建てビルのすべてをレストランフロアにすることができたのです。もちろん、ビルとビルの間も行き来できるよう増築しました。

その後、メリーチョコレートは一〇年ほど前に本業回帰という形でレストランを閉めることになりました。空いた場所をどうしようかなと思っていたら、モンソーフルールという花屋さんから、入りたいという話が来た。フランスで成功して世界各地に三〇〇店（現在は四〇〇店以上）ぐらいの大チェーン店を展開している花屋と提携して、日本でフランチャイズチェーンをやろうとしている会社があり、一号店は自由が丘がいいと考えているという話だったんです

二〇〇七（平成一九）年にモンソーフルールのフランチャイジーとしての権利を獲得したのは、川崎花卉園芸という観賞用植物の大手卸売会社です。モンソーフルール独自の、従来型の花屋とは違うシステムに社長が感動したことがきっかけだそうです。それは例えば消費者が好みの花を自分で選べるような喜びを提供したり、花の販売価格を明確に表示する。品種別ではなく色別にディスプレイをする、といったことです。

しかし、大手卸売会社が川下の消費者向けの販売をやると、他の花屋の営業を圧迫してしまうかもしれない。そこで、全く違うタイプの何かができないかと考えていたそうです。

これはどういう縁だったかというと、川崎花卉園芸の社長のお子さんが、私の娘と同級生だったのです。父兄同士で話をしている中で「自由が丘で、路面の店をやりたいんだけど」という話になって、つながったのです。これからもチェーンとして増やしていきたいから、スタッフの研修施設も欲しいとのこと。しかも、よく話を聞いたら「緑道沿いなんて最高ですね」とおっしゃる。ちょうどポエム・ド・

メリーさんが撤退するという時期だったので、入れ替わりに入ってもらうことになりました。

幸い、岡田ビルの二階にあった厨房施設は、重装備の防水を施していたので、冷蔵庫を並べて花の倉庫にすればちょうどいい。花屋はたくさん水を使いますからね。それで、一階を花屋、二階を研修やフラワーアートの教室をやる場所にし、岡田ビルに倉庫を置くという形での出店が可能になりました。

岡田が関わったビジネスを垣間見ることからよくわかるように、自由が丘は、時代によって新しく生まれるビジネスの顔になるような店が集まる街なのである。その一方で、変化する時代の中で役割を終える店もある。新陳代謝を繰り返すようにして、常に新しい顔を保ち続けてきた。それは、広域商店街となった街の宿命でもある。自由が丘が本店や一号店を出したい、と思われるおしゃれな街として全国区になる転機は、一九八〇年代にあった。

一九八〇年代は、松田聖子や中森明菜、田原俊彦、近藤真彦などのアイドルが次々と登場したアイドル全盛期である。芸能界やテレビ業界の動向に注目が集まり、業界の裏側をネタにした芸人コンビのとんねるずが登場して脚光を浴びる。バブル経済へと向かうこの時期、原宿や京都・嵐山には芸能人ショップが次々とでき、閑静な街が全国から訪れる若者で溢れかえる街へと変貌していった。そして、自由が丘にもいくつかの芸能人ショップができた。

一番人気が高かったのは、松田聖子の店、フローレンスセイコである。トップアイドルの彼女の店には、全国からファンが集まり駅まで続く長い行列ができた。徹夜して開店を待つ人たちが行列をなし、店には売るものすらなくなって、ついには店員の傘まで売ったという逸話がある。

もう一つ忘れてはならない店は、津川雅彦を看板にしたチルドレンミュージアムである。現在、お茶の専門店ルピシアが本店を置く場所にあった。実は、このミニテーマパークには岡田が関わっていたのである。

今から三〇年ほど前の、一九八四（昭和五九）年の話です。バツというファッションブランドのオーナーデザイナーの故松本瑠樹（Ｒｕｋｉ）さんという人がいました。バツは一九八〇年代初頭のＤＣブランドブームの火付け役になったブランドの一つです。ラフォーレ原宿の改装の際、ＤＣブランドを集めるという仕掛けをやった人でもある。その松本さんが、自由が丘には周りに良い住宅街があって、世の中一般とは違うビジネスモデルが成り立つと注目して、チルドレンミュージアムをつくるというアイデアを出したんです。

今考えると、その後のフードテーマパークの先駆けのようなビジネスをやった人なんですね。つくるからには最初からたくさんの人がこなければならない。必ず成功するというビジネスでなければならないと、ハードから手がけたんです。あのあたりは、「私の部屋」が進出するまでは閑静な住宅街で、映画館の自由が丘武蔵野館があるぐらいだったんですが、前川さんとほぼ同じ時期に松本さんも目をつけていたのですね。

地下一階、地上二階のビルで真ん中を吹き抜けにして、雰囲気をつくってしまう。自由が丘スイーツフォレストが入ったラ・クールと同じ考え方です。吹き抜けの周りに子供服やおもちゃなど子供向けの商店を並べました。

非常にすばらしかったのは、時代に先駆けていたそのビジネスモデルです。女性ファッションは女性しか買わない。男性ファッションも男性しか買わない。しかし、子供のものだったら両親が買う。おじいちゃんおばあちゃんが買う。一人の子供がいれば、六人の買い手がいる。最近言われるようになったシックス・ポケット論を、一九八〇年代にいち早く言っていたのです。

だけど、必ず成功する店にするためには、メディアに大きく取り上げてもらわないといけない。そこで津川雅彦さんを店長に据えるというアイデアが出てきたのです。グランパパというブランドにして、津川雅彦の店という形にした。

徹底していたのは、包装紙までかわいいことです。小さいものを買って帰るようなお客さんに対しては、赤字が出るぐらい包装にお金をかけて、しかし包装それ自体が価値を持つことで全体が成り立つようなビジネスモデルなんです。店員さんも、好感度が高い若い女性や男性を雇っていた。もちろん礼儀正しい人であることも条件の一つです。

一九八六(昭和六一)年に放送された、とんねるず主演の連続ドラマ『お坊っチャマにはわかるまい!』(TBS系)で、木梨憲武が勤めるチルドレンタワーという設定で、毎週チルドレンミュージアムの映像が流れる仕組みになっていたんですね。松本さんはそこまで仕掛けていたんです。毎週テレビドラマで流れる宣伝効果はすごかった。トレンディドラマなどと言われて、若者の青春ドラマの視聴率が非常に高い時代でしたから。

ところで私がなぜこれだけの情報を知っていると思いますか。実は、最初は私のところに店長の話が来たからです。土地は栗山さん所有なので、地主だからということではありません。当時、私は二六歳でまだ東洋信託銀行に勤めていたときです。どこから情報が入ったのか、私がもうすぐ銀行を辞めて街へ戻ることを松本さんはご存知だったのですね。

原宿のオフィスへ呼ばれて、「あなたは若い。ルックスも悪くない。新しく街に戻って『私はここで開眼しました』みたいな形で店長をしてもらいたい。大企業に勤めていた人が街へ戻って新しい事業をやるという絵がいいのだ」、と言ってくださったのです。光栄な話ではあったけれど、私にはピンとこなくて辞退しました。

当時は私は実家に戻って不動産ビジネスをしようとしていた時でしたので、大事なのはソフトで「不動産が動かない財産だなどと私は考えていない」という松本さんの考え方に賛同できなかったのです。でも、今は不動産も証券化したりして動産化しています。時代の先を行っていた人なんだなと、今振り返ると思います。もしかすると、自由が丘スイーツフォレストの経営で、ソフトビジネスに力を入れてやることも大切、と考えることができているのは、松本さんから教わったことが背景にあるのかもしれません。

松本さんは一年、二年で元を取るとおっしゃっていて、不動産投資をした金額も含めて本当に短期間で元を取ったのではないかと思います。何しろ、建物の周りをぐるぐる人が取り巻いていて、押すな押すなの大行列でしたから。しかし施設の全盛期は数年だったと思います。津川雅彦さんもいろいろあり、運営を辞めることになりました。

それでも、中にはすばらしいお店が入っていました。私も娘の服をずいぶんチルドレンミュージアムで買いました。イタリアなどから持ってきたカラフルな日本のデパートにはあまりないような、気の利いた洋服が並んでいました。子供はまだ色彩感覚が弱いので、はっきりした色のほうがいいそうなのです。人間工学に基づいた北欧のおもちゃや、アメリカの合理的に計算されたおもちゃなどもありましたね。

松本さんは自由が丘の成功事例を引っさげて、札幌の裏参道その他全国の政令指定都市に同じような施設をつくっていきました。その栄枯盛衰を観たことが、テーマパークはせいぜい持って五年という私のビジネス感覚を育てたかもしれません。とはいえ、自由が丘スイーツフォレストは一〇年を超えて現在も継続しているわけですけれど。

4 五〇万人を集める女神まつり

商店街が魅力を発信し人を集め続けるには、何らかの仕掛けが必要である。イベントを仕掛けるのは、街ににぎわいを与え人を惹きつけるためである。もちろん自由が丘も年間を通してさまざまなイベントを行い、大勢の人を集めている。最大の祭りは、一〇月の体育の日を含む連休中に行う女神まつりである。何しろ二日間で五〇万人も集客するのである。その集客力こそ、街の商店街としては最大規模の一二商店会で一三〇〇店を超える加盟店を有する自由が丘商店街振興組合が持つ団結力と企画力を象徴している。

女神まつりが始まったのは一九七三（昭和四八）年。一九七一（昭和四六）年から三年間開催された運動会のフィナーレを飾る仮装大会が盛り上がったことをきっかけに、駅前広場の「女神の像」をシンボルにした祭りを企画したのである。

「女神の像」は、正式名称を「蒼穹（あをそら）」と言う。戦後の復興期から高度成長期へ移る一九五五（昭和三〇）年頃から、全国的にモニュメント建造の流行があり、自由が丘にも、何か街のシンボルになるようなものを置こうということになった。そこで商店街を代表して、藤原写真館の藤原正、田中平八郎、小林正らが自由が丘文化人会のメンバーで彫刻家の沢田政廣に依頼し、女神の像をつくってもらったのである。

一九七九（昭和五四）年に文化勲章を受章する沢田は、その頃すでに日本彫刻界の第一人者だったが、「自由が丘というのは、ウチの玄関みたいなもんだから、逆にぜひ作らせてくれと言ったんです」と快諾する。

ブロンズ像が完成した一九六一（昭和三六）年、大々的な披露の式典を行い、「女神の像」は自由が丘のシンボルになった。台座に刻まれた「蒼穹」の銘は、沢田の希望で自由が丘の命名者の一人、石井漠に書いてもらっている。

さて、女神まつりの話に戻ろう。女神まつりは昭和時代、駅前広場に仮設舞台をつくって、芸能人を呼んだステージが中心だった。出演者は雪村いづみ、美川憲一、ヒデとロザンナ、所ジョージなどそうそうたるメンバーが並ぶ。自由が丘のイベントに来た芸能人は、その後急に有名になるというジンクスができたという。一九八六（昭和六一）年にはミスコンテストも始まり、初代ミス自由が丘はタレントになる前の故山口美江が選ばれている。

イベントの性格が大きく変わったのは、第二六回女神まつりが開かれた一九九八（平成一〇）年である。バブル崩壊後の不況で世の中が沈んでいた最中のことだった。

もともと女神まつりのイベントは、ある程度お金をかけて駅前ステージに著名なジャズの歌手などを呼んでいたのですが、それ以上のことをする余裕はありませんでした。ですから、駅前以外のところにあるお店の人たちにからすれば「お金をかけているのに、あまり商売に影響がないよね」という白けた雰囲気になりかかっていました。

そこで自由が丘全体に祭りの波及効果を広げるために、各商店会にもワゴンセールやショー舞台などにトライしてくださいよ、とお願いをしました。最初は躊躇していた商店会もありましたが、実際に何かやってみるとお客さんが来るし非常に喜んでくださって盛り上がる。そういう形で人が街を回遊する形に変化させていきました。

しかし同時に中心である駅前は圧倒的にクオリティが高い舞台がなければならない。ということは、それまでとは水準の違う祭りを実施しなければならない、という方向で自由が丘が成長する必要があったのです。当時、ロマナという美容室の役員だった増保さんが自由が丘商店街振興組合の企画情報部を取り仕切っていて、駅前だけが栄えるのではないかという声に対して、非常に柔軟な発想で、

「逆にみんなでやればいいじゃない」と声をかけて、「ノウハウは提供するから」と実現に向けて働きかけたのでした。

　そのほうが盛り上がって楽しいというだけでなく、盛り上げる必要に迫られてもいました。というのも二〇〇〇年代初頭から、東京のあちこちで大規模な再開発をした新しい街ができていく計画があったからです。丸ビルなど丸の内の再開発がある、六本木ヒルズができる、みなとみらいも次々と新しい施設がオープンする。この近くでは二子玉川や代官山にも新しいビルができていました。ライバルが続出する中で、自由が丘が魅力を放ち続けるためには、かなりのスピードでかなりの質量のエネルギーを発しなければならない、という状況だったのです。

　しかし、世の中の例に漏れず、自由が丘も景気が悪いし予算は少ない。街全体で出店をつくるなどして祭りをやりつつ、駅前でもクオリティが高い舞台を実現するにはどうしたらいいか、というときに、横須賀基地に駐屯する米軍のバンドに頼むというアイデアが出てきたのです。彼らにとって、日本の民間の人たちと親しくなるのも任務の一つなんですね。だから、ほとんど「ご飯を食べさせてくれればやりますよ」というほどのノリで、非常に少ないギャランティで引き受けてくださったのです。やってみるとすごく評判がいい。

　何しろ、アメリカの軍隊は志願制ですから、実際のところ食べていくのが厳しいミュージシャンの人がいたりする訳です。アメリカの音楽家の層は分厚い。本物のミュージシャンがバンドを組んでやってくれるわけですから、そのクオリティの高さたるやすごいものでした。しかも、ちょっと懐かしい音楽を演奏したりするので、非常にウケるのも当然です。

ただ、一度もう少しでドタキャンされるという事態に陥ったことがありました。米軍に頼んだのは一九九八年からですから、三年目のことです。もちろん軍隊に所属しているバンドですから、有事の際には突然キャンセルはありますよという条件だったのですが、まさか本当にそんなことがあるとは思っていませんでした。

ところが、二〇〇一（平成一三）年に、直前に「申し訳ないけど！」という話になって。後から分かったのですが、ニューヨークでテロが起こった九・一一の後だった。出動するかもしれないということだったのですね。結果的には日本に残留しているメンバーが来てくださってステージは成り立ったのですが、その後米軍のバンドはテロに狙われる危険があるということになって、残念ながら最終日のメイン舞台は頼めなくなりました。

その後は、クレイジーケンバンドや、爆発的に売れる前のいきものがかりなどに来てもらって大いに盛り上がって現在に至っています。

しかし、この駅前ステージを含め、街全体を高いクオリティで盛り上げるという挑戦を振興会の支部である商店会ごとに取り組んで女神まつりを実施し続けた結果、商店街全体のまとまりもよくなった。それは次章で取り上げるゴミ収集事業やカード事業を行ううえで大いにプラスになっていきます。

一二も商店会があって全体で一つにまとまることができる、という自由が丘の結束力の元は、祭礼にあります。九月の第一週目の土日に開かれる熊野神社の祭礼に、長年参加してきたことがよかった。当日は支部がそれぞれ自分のところに神酒所を設けます。大人神輿はこの神酒所を順番に回っていく。また子供神輿はかなりの支部が持っています。全体としては自由が丘商店街振興組合が音頭を取って祭礼を行いますが、駅前に集結してみんなで盛り上げるだけでなく、このときに各支部は独自色を持って自主的に活動しているのです。

例えば、南口商店会では、前々から予約を取って神輿を担ぐ子供たちの名前を登録し、登録された人はマクドナルドのお昼ご飯、飲み物、アイスクリーム、さらには「おもちゃのマミー」でおもちゃがもらえるチケットまでもらえる仕組みになっています。そして、街を回りながら金魚すくいなども楽しめるようにする。一方で、それでは予約した人しか入れないから、来たら神輿を担がせてあげるよ、という方針の支部もある。担ぐ人が多すぎて、小さい子が神輿につないだ紐を持って参加しているというようなところもあります。

そういうふうに祭りでそれぞれの支部の方針にのっとった活動をしながら、全体としては一つのまとまりを持つという盛り上げ方には、長年の積み重ねがあったからです。

自由が丘にある熊野神社は、江戸時代の初期に熊野信仰を元に地元の有志が招聘したとされる。自由が丘および緑が丘全域の氏神として長く信仰を集めてきた。

毎年九月、五穀豊穣を願う祭りとして熊野神社例大祭が開かれており、神輿を出すようになったのは昭和初めから。品川の神社が大きな神輿を持て余しているから、と譲ってもらったのがその始まりだ。大人が担ぐ大神輿と子供が曳く山車と、台車に載せた直径二メートルほどの大太鼓の三編成で街を練り歩いた。しかし、戦前の商店街の規模はそれほど大きくなく、神輿の担ぎ手もせいぜい五〇〜六〇人。坂道が多いため、途中で回りきれずに車に載せて神社に戻ったこともあったという。

戦後、祭りは復活したが、担ぎ手に愚連隊関係の人が混じっていたために、日頃付き合いの悪い店などに神輿ごと突っ込む乱暴な事件もあって、一時神輿の渡御は中止されてしまっていた。昭和四〇年代になって青年部で結成した自睦会が神社奉賛会に借り入れを申し出たところ、自由が丘商店街振興組合で責任を持つならと許可され、再開されたのが現在の祭りの始まりである。

歴史を振り返ってみると、自由が丘がわずか八〇年あまりの間に大きく変貌し続けて、現在に至っていることが分かる。そしてそれは、農村中心の発展途上国だった日本が、長い戦争と敗戦という苦しい時代を経て蘇り、高度経済成長という大きな飛躍の跡に世界中から観光客を集める経済大国になった変化と軌を一にしている。

しかし、全国あるいは海外にまで知られるおしゃれタウンのベースには、タケノコの村だった昔に始まった祭りがベースにある。それは世代が替わり、時代が大きく変わっても変わらないこの街の気風だ。気風といえば、昭和初期、集まってきて村の名前を自由が丘に替え、それを受け入れた地元の人々が持った自主独立の自由の精神が、この街の人々の間には脈々と流れている。その精神のもとにつくられた女神像を中心にした女神まつりも四三回を数えた。歴史は更新され引き継がれていくのである。

第四章

屋根のないショッピングセンター

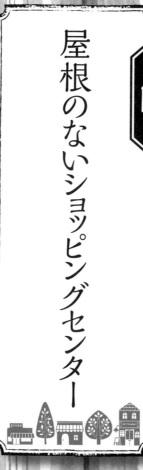

1 都市問題、ゴミに取り組む

自由が丘商店街振興組合は一二の商店会の連合体で、一三〇〇軒を超える商店を束ね、日本一の組合員数を持つ商店街組織である。規模が大きいだけに、会社のようにきちんとした組織を持ち、運営に当たる。組織は総務・財務・理事長を中心にして、広報部や街づくり部、イベント・企画部、IT事業部、カード事業部、出版企画事業部、環境部、福利厚生部、地域振興部、広報部、自治部、さらに四二歳までが所属する青年部、レッツがある。本業を別に持つ組合員スタッフを支えるのが、組合に就職した正事務員四人と、インフォメーションセンターで働くパートタイムの職員四人である。

その他、街で取り組んだ事業の規模が大きくなった結果、振興組合法で規定されている業務を超える仕事が生じ、組合組織から切り離した会社が二つある。

一つは、第一章で紹介したコミュニティーマート構想がきっかけで、二〇〇二（平成一四）年に生まれた街づくり会社の株式会社ジェイ・スピリット。もう一つは、二〇〇八（平成二〇）年にでき、カード事業を受け持つＪＡＳＰＡＳ（ジャスパス）株式会社である。ジェイ・スピリットは自由が丘商店街振興組合が五一％、その他に目黒区、東京電力、東急電鉄などが出資し、建物の景観から道路のことまで関わる街づくりを行っている。カード事業についての詳細は次節で紹介する。

一商店街組織が、カード事業というお金を商品として取り扱うビジネスまで手掛けるには、決して間違いを犯さずつぶれたりしない、という通常より強い社会的信用が必要である。そこへ至る前提として、一九九〇年代から深刻になっていたゴミ問題への対応がある。

日本の首都、東京には一都市としては世界最大規模の人口が集中している。東京都の人口は一九六三（昭和三八）年に一〇〇〇万人を超えた。一九九七（平成九）年以降は常に増加し続けており、二〇〇一（平成一三）年には一二〇〇万人を、二〇一〇（平成二二）年には一三〇〇万人を超えた。

首都機能が集中している東京には、官公庁や政治の中枢のほか、グローバル企業を含む企業の本社が集中しており、働く人々や遊びに来る人々、そしてもちろん暮らしている人々に向けたさまざまな商業が発達している。飲食業も多い。当然、そこから大量のゴミが出る。人口の増加に伴い、これまでに何度もゴミ問題はクローズアップされてきたのだが、人口増が止まらなくなった一九九〇年代に深刻になったのは、カラス問題である。

一九九〇年代には都内のカラスが急増しており、国立科学博物館附属自然教育園の調査によると、一九九六（平成八）年から四年間で二三区内の大規模なねぐらにおけるカラスの生息数が、約一万四〇〇〇羽から約二万一〇〇〇羽にまで増加していた。

都会のカラスには、フクロウなどの天敵がいない。しかも、毎日のように人間たちが、大量の栄養価が高い生ゴミを出す。しかし、ゴミの収集は午前中に行われるため、早朝に活動するカラスは、飲食店が夜間の営業終了後に出したゴミを狙う。自然界の中で探すより、簡単で確実にごちそうを見つけることができるからだ。つまり、人間はカラスに餌を用意していたようなものなのだ。その結果、朝の出勤時間帯は、カラスがあさったためにゴミ袋が破かれ、道路にゴミが散乱している、という光景がひんぱんに見られた。

都心ではないが、ねぐらにする木が周辺にたくさん生えている自由が丘でも、この問題は他人事ではなかった。なかったどころか、当事者そのものだった。飲食店が集中する自由が丘では、当然生ゴミもたくさん出る。東京のカラス問題は自由が丘の問題でもあった。クレームも出る。美観を損なわれる商店街の人々も困る。おしゃれな街自由が丘、自主独立の精神を持つ自由が丘が、ゴミ収集問題に対して黙っているはずはなかった。

現在、自由が丘で朝にゴミが散乱している光景は見られない。なぜならゴミは、三六五日欠かさず夜中に収集が行われているからだ。それは東京都がカラス対策のために夜間収集を始めたからではない。なんと自由が丘商店街振興組合は、独自にゴミ収集事業を行っているのである。そのようなことがいかにして成り立つのか、岡田の話からその経緯を辿ってみよう。

街が発展して商店がふえていけば、それだけゴミもふえるので、一九九〇年代に入る頃には街の中のゴミ収集量が異常にふえていました。あまりにも密集した狭い範囲にゴミがいっぱい出るので、午前中のそこそこの時間までにゴミが収集しきれません。配送の車が来る時間帯や、場合によるとお客さんが来る時間帯までゴミが残っている場合もある。人が歩いているところへ、大きなゴミ収集車がバックで来たりすればますます危険です。

巨大都市東京では、ゴミそのものをへらす対策として有料化を決めました。タダで持って行ってもらえると思うからみんなはゴミを出す、という側面もありますから、ゴミを出すことには負担があって費用がかかる、ということにしたらへるに違いない。確かに土地を確保して埋め立てるにも膨大なコストがかかるのだから、そのコストを負担してもらうという議論は成り立つ。一般の方に対して有料にしたら、例えば生活保護を受けている人には負担が大きすぎる場合もある。しかし、店や事務所などの事業系のゴミは、経済行為の結果の産物だから有料にできるという話になった。

一方、自由が丘ではゴミがどんどんふえるので困っていて、夜間収集ができないかと東京都清掃局にお願いに行っていたんです。自由が丘では当時、鍵屋を営みのちに理事長になった平井泰男さんが環境部長で、「街の環境を守ることがこれからの商店街にとって大事」という持論を持って仕事に臨んでいました。平井さんの時代に、自由が丘のさまざまな環境事業は始まっています。

しかし、平井さんの熱意をもっても自治体を動かすことはできなかった。夜間収集には非常に人件費がかかるし、自由が丘でそれを認めたら渋谷だって新宿だって池袋だって「うちのゴミも夜持って行ってください」という話になるだろう。行政サービスは全国一律を旨とするので、自由が丘だけ特別にするわけにはいかないというのが返答でした。

そんなときに、先のような経緯で事業系ゴミを有料化するという話が出てきたのです。実施は東京二三区での「廃棄物と清掃に関する法律」施行に伴い、一九九六年一二月一日と決まった。それを聞いて自由が丘の諸先輩方は、「しめた」と思ったんです。考えてみたら、ショッピングセンターや百貨店はゴミを専門の業者にまとめて出している。同じ有料になるなら、自由が丘も業者にお金を払って夜間に持って行ってもらうことにすればいいじゃないか。自治体のゴミ収集より何割高くなるかわからないけれど、夜間収集を実施するため事業者に頼むなら、事業系ゴミ収集が有料化されるこのタイミングしかない。というので、周知期間を利用してあちこちのゴミ業者に収集を頼めないか当ってみることになりました。

改めて見てみると、自由が丘は「屋根のないショッピングセンター」と言えるほど店が集中しています。ゴミ収集業者からすれば、非常に狭い範囲で効率よくゴミが集められることになります。これはショッピングセンターと遜色ないかもしれない。しかも、彼らにとっては商品であるゴミがたくさん出る。ということで、意欲的な業者が現れ、契約できることになりました。

次は具体的な方法です。燃えるゴミと燃えないゴミをどう分けるか、どのような形で収集するかという話になりました。収集箇所をまとめるとゴミの山がとんでもないことになりかねないので、少々高くても戸別収集が望ましいという話になりました。また、自分の店の前に出すのに変なものは入れたりしにくいだろうし、決められた時間に出さないといけない、など規律を守るためにもよい、となって戸別収集に決まりました。

もう一つ革命的だったのは、収集後に計量して値段を決めるととても煩雑な作業が発生するので、プリペイドにしてしまおうと決めたことです。さらに、ゴミ袋に処理代分のシールを貼って、間に自由が丘商店街振興組合が入って、となるとシステムが複雑になるので、処理量に応じた処理代を含めたゴミ袋をつくってしまえばよいと決まりました。めんどうな後精算業務はなくなりました。更に簡単に区別がつくように、燃えるゴミは赤い袋で毎日収集、燃えないゴミは緑の袋で週三回に決まります。当初はペットボトル用の黄色い袋もあったのですが、後に業者さんの処理能力が高度化してこれはなくなりました。

ゴミ袋でプリペイドのシステムにするにあたり、いざ夜間にゴミを出そうとなったときに袋のストックがなくなっていたらどうしようか、という問題に気がつきました。ゴミ袋は自由が丘商店街振興組合で扱うほか、何店舗か協力店を見つけたのですが、時間を選ばずいつでも買えるようにするため、自動販売機をつくりました。しかし、一〇枚入りで七〇〇〇～八〇〇〇円にもなる処理袋を買える自動販売機だと、壊して中のお金を持っていく泥棒が出てくるかもしれないから、とゴミ袋購入専用のプリペイドカードまでつくりました。

ゴミ収集時間は夜中の一二時から朝四時にしました。夜間収集のよいところは、朝ゴミが残らないのでカラスに狙われないで済むだけでなく、交通渋滞に出会わなくて済むことです。また、小さいお子さんが収集車の周りをウロウロして事故が起こる、という心配もまずない。朝ゴミを収集するときは、そのような危険を回避するために必ず一人は運転台に座っていないといけないことになっているのですが、夜間ならその必要もありません。となると、人員が少なくても収集が可能になるので、一人あたりの人件費が高くても総額がそれほど大きくならなくて済みました。その結果、驚くなかれ行政が集めるのと同じ金額で収集できるという結果になりました。

このシステムが全国でも初めての取り組みだったため、開始当日に「NHK特報首都圏96」で放送され、自由が丘方式のゴミ収集として広く社会の注目を集めました。

とはいえ、実際にこのシステムを構築し実施するには、キレイごとでは済まない部分もありました。何しろゴミは収集業者にとっては商品です。自由が丘の大量のゴミが別の業者の扱いになるわけですから、自治体から依頼されていた業者は仕事を失ってしまいます。東京都からは「もしその業者が潰れたらどうするのですか。ゴミ収集ができなければ、自由が丘には二、三日でゴミの山ができますよ。そこは自己責任ですよ」とまで言われたのです。

また、ゴミ収集が有料になるということは、契約が発生するということです。自由が丘商店街振興組合は許認可業者ではないので契約者にはなれない、ゴミを出す人と業者との個別契約になるというわけです。だから、自由が丘の中で営業している人たちには、事情を説明して納得してもらって、組合員ではない事業者にもこのシステムに参加してもらったわけです。組合員でないからといって不参加になってしまうと、そのお店や事務所のゴミは収集されないことになってしまいますから。

業者との事前交渉に始まり、当局との交渉、地域内の周知徹底、プリペイド方式のゴミ袋のシステムの構築、ゴミ袋の生産から販売までの物流体制、自販機の製造、設置とプリペイドカード作成まで。やることはたくさんありました。結果から言うと、自販機は結局あまり使われなかったので、その後は買い置きしていただくことを前提に、自由が丘商店街振興組合と東急ストアほか何店かで取り扱い販売しています。そのことに伴い、プリペイドカードも使われなくなったので、すべて現金決済になりました。

一三〇〇軒以上が参加するシステムを、何年間も一日も休まずサービスの劣化もさせずに続ける組織運営能力、実行力、資金管理能力はすべて、普通に想像できる商店街の組合のレベルを遥かに超えています。その運営ができる事務局の体制も、われわれは持っているのです。この実績が、やがてお金を商品とするカード事業につながるのです。

運用はもちろん完璧にうまくいったわけではなく、違法投棄問題が発生したこともありました。どう考えても、このゴミがこの場所で出るゴミ袋に入っているのはおかしい、という場合には証拠写真を撮って「失礼ながら、出さないほうがよろしいんじゃないですか」と話したり、車で持ってきて置いていく人がいたので、追撃することもありました。その辺りの詳細は、自由が丘商店街振興組合の事務局職員である中山雄次郎事務長がくわしいので、彼に話を譲りましょう。

自由が丘会館一階には、インフィメーションセンターがある。広域商店街となった自由が丘には街の情報をワンストップで提供できる案内施設があるべきだとの提案が当時の情報企画事業部長の増保さんからあり、

設置されていたので、この場所をゴミ袋の販売ステーションとして活用することになった。現在ここで行われているサービスの内容は、ゴミ袋販売とショッピングガイド及び地図の販売、授乳室の貸し出しサービスである。

ゴミ収集事業の立ち上げの際の、東京都との交渉は「押し問答にも等しかった」のだが、自由が丘の人々は屈しないで、確かにゴミ収集が滞れば街がゴミの山になる危険はあるけれど突き進む方法を取りました」と話す。

実際、その危機に瀕する機会はあった。それは最初に委託していた業者が、「ちょっとしたことで許認可が取り消されてしまった」ときのこと。取り消された業者はゴミを触ってはいけないため、別の業者に収集を委託しなければならない。その切り替えの際にもう少しで、ゴミの山になる事態を乗り切ったのだ。危機はある。しかしそこに対応する力と行動力がある、というところが自由が丘の強さである。

不法投棄問題についても聞いた。自由が丘では年間一割ぐらいは店が入れ替わっている。その店全てにゴミの収集システムを周知徹底させなければならないが、残念ながらすべての店のモラルが高いとは限らない。よその店が出したスカスカのゴミ袋を盗み、自分の袋に入れて出すところがあったという。

「銀行などのオフィスは紙ゴミが多いのですが、そういうスペースに余裕があるゴミ袋を、別の場所で営業している飲食店が取ってきて、中の紙をギュウギュウに押し込んで自由が丘の元の場所に戻していたケースがあり、現場をビデオカメラに納めて後で追求しました。また、ゴミ袋には店名を入れないといけないのに、名前を書かずに別の場所に出している例もありました。

自分たちでゴミ収集事業を引き受けたからには、本来は行政がやるような管理業務もやらないといけません。ゴミは目立たない仕事ですし、管理が大変なところはありますが、街のライフラインに関わることなので、しっかりやらなければならないと思って仕事にあたっています」

そんな厳しくもていねいな裏方仕事を遂行する誇りに満ちた話を展開した後、中山は「私たちが契約しているゴミ業者は進んでいて、処理場でビンと缶も仕分けてくれるし、きれいなペットボトルに至っては、再生するのではなくケミカルと言って、物質レベルまで落として再利用できる状態にしてくれます」と付け加えた。

自由が丘はその後も、さまざまな環境事業を行っている。

一九九九（平成一一）年には、赤いつなぎを身にまとい、土日の午後とイベント時に出動する清掃隊のダスターズも発足。

街を美しく保つための環境活動は、やがて自由が丘森林化計画や丘ばちプロジェクトなども始まり、エコタウン自由が丘というイメージへもつながっていくのだが、その詳細を明らかにする前に、ゴミ事業での実績がきっかけになって実現したカード事業の話へとコマを進めたい。

2 自由が丘のカードビジネス

インターネット通販を利用する際、百貨店やアパレルショップでの買い物、レストランや居酒屋で飲み食いする。さまざまな買い物の場面で、クレジットカードを使えば便利だ。高額の買い物も気軽にできるし、現金の持ち合わせが足りないときや、銀行の残高が翌月にならないと必要な金額に達しないときでも、クレジットカードを使えば欲しいものをすぐに手に入れることができる。

しかし、店側にとっては必ずしもうれしいことばかりではない。もちろん、客が商品を欲しがっているのに、手元のお金がないからという理由で売るチャンスを逃さずに済む。カードを使えないなら買い物しない、という客もいるかもしれない。しかし、現金決済と異なり、カードで買い物された場合のお金が店に入ってくるのは、客側の銀行口座からの引き落とし後になるので、二カ月ぐらい入金を待たなければならないこともある。入金までの間店を回していくための運転資金も余裕を持って用意しておかなければならない。カード会社によって異なる支払いのタイミングごとに、月に何度も現金払い、クレジットカード払いそれぞれの明細を確認し収入金額に間違いがないか確認しなければならない。つまりは、煩雑で負担が大きいのである。

この業務を一括で引き受けてリストを作成し、カード払いのお金を建て替えて、通常のカード会社からの支払いより早く一五日後（ボーナス一括払いは除く）に支払う、という非常に煩雑で資金力と信用力を必要とする仕事を行っているのが、自由が丘商店街振興組合との関係が深いジャスパス株式会社である。現在、自由が丘は約六五〇店がこのシステムに加盟、年間約九〇億円の取扱高に達している。また、デビットカード、鉄道系電子マネーPASMOやSuicaでの支払いも一括で請け負っている。この大きな仕事を、いかにして実現したのか。カード事業を育てたのは、岡田である。彼の銀行出身という経歴が、大いに生きてくるのである。

日本でクレジットカードが発行されたのは、一九六〇（昭和三五）年です。自由が丘は、周囲に高級住宅街を控えているので、非常に早い段階から金融機関が母体になっているアメックスやJCB、VISAなどのカードを持つ人たちがいました。アメックスは、日本でゴルフの帝王と言われたプレーヤーのジャック・ニコラスを使ったCMが盛んに流され、「出かけるときは忘れずに」というフレーズで有名になりました。JCBは三和銀行（現三菱UFJ銀行）などがつくった日本のブランドです。一九六〇年に導入されたカードの一つ、ダイナースもよく使われました。カード使用比率の高いお客様に対応するため、早い段階からカード会社と契約して使えるようにした店が多くなりました。

ところが、店にとってはカード会社と契約するのは大変でした。カード会社は何十とできたうえ、決済が翌月なのか翌々月なのか、また何日締めなのかも違う。手数料の割合も違う。ボーナス一括払いはあるのか。分割は可能なのか、あるなら何回払いまでできるのか。パターンは何千通りもあるという状態になっていました。

お店はカード会社に取り扱い手数料を払って契約をするわけですが、その負担も大変です。物販店では相場が五％、飲食店が六％、お酒を出すなどの特殊飲食になると七％や場合によっては一〇％にもなっていました。店側にとっては厳しい条件でした。

このクレジットカードについて、自由が丘の商店街ではどのような実態なのか知るために、一九九〇年代の初めに市場調査しました。対面商売をする店七〇〇軒ほどに協力してもらって、どんなカード会社とどのような契約をし、売上がどのぐらいあるのか調査会社に依頼して調べたのです。個店の情報は、自由が丘商店街振興組合には分からないようにしてデータ化してもらいました。

調査にはもう一つ目的がありました。それは自由が丘オリジナルポイントカードをつくってはどうだろうということです。当時はＩＣカードが出始めた頃で、どうせならＩＣカードにしたらどうかというアイデアも出ていました。

しかし、ＩＣカードは製造に当時は一枚一〇〇〇円以上コストがかかりました。自由が丘はその頃には全国から観光客が来る超広域商店街になっていたので、利用者の中には一年に一回しか来ないお客様もいます。それではカードの発行枚数ばかりが増えて採算が取れないことになります。また、老舗のお店はすでに自店のカードを持っていたので、共通カードをつくってもメリットはないなど、さまざまな問題があり、結局データはお蔵入りとなりました。

そのデータが浮上したのは、「私の部屋」の社長だった前川嘉男さんからの情報で、デビットカードシステムの導入を検討したときでした。

デビットは「決済」という意味で、クレジットは「信用」という意味です。英語の意味が分かれば、二つのカードの性格の違いがよく分かると思います。デビットカードシステムはキャッシュカードで支払い、自分の口座から引き落としできるシステムで、アメリカで生み出されたものでした。

アメリカはクレジットカードを持てない人が非常に多くて、彼らは現金や小切手で買い物をしていました。小切手の場合、手形交換所を通じてお金を落とすのですが、それが落ちないことおびただしい。不渡りが大きな問題だったわけです。

それを何とかしようと考案されたのが、キャッシュカードで会計をして銀行口座から引き落とすデビットシステムです。そうすればお店は取りはぐれがないし、個人も現金をあまり持ち歩かなくて済むので、危険が少なくなる。もう一つ利用者側に喜ばれたのは、カード払いをすると、クレジットカードを持っているかのようでかっこよく見える点でした。

日本では、郵便局（現ゆうちょ銀行）が総務省と一緒に、このシステムを導入しようとしました。郵便局は小泉郵政改革で民営化され、二〇〇六（平成一八）年に株式会社ゆうちょを設立、翌年にはゆうちょ銀行になるわけです。郵便局は全国津々浦々にあったのですが、民営化を機に都市部に進出しクレジットカードからの振替がある都市銀行に対抗する目玉として、デビットカードを考えていたのです。自由が丘商店街振興組合としては新しい決済システムができる以上、当然お客様に利用可能としなければならないとの思いから、百貨店等の大店と同時にサービスをスタートしました。

しかし、結論から言うと、デビットカードはあまり成功しませんでした。今でもこのカードシステムはありますし、自由が丘でも取り扱いは年間一億円～一億五〇〇〇万円程度ありますが、伸びたという時期はありません。自由が丘だけで九〇億円のクレジットカードに対して一億円ですから、国全体の金融システムとしては扱いが小さいことが分かるわけです。

なぜそうなったかというと、日本は所得水準が総じて高いのでクレジットカードが浸透していたうえ、すでに銀行の強力なシステムがあったからなのです。

少し歴史をおさらいしましょう。一八世紀から二〇世紀にかけて、世界各国で産業革命が次々とおこりました。日本は世紀の変わり目に、最後にテイクオフした国なのですね。長らく鎖国していた日本で産業革命が起きたのは、財閥ができて金融を支え、多くの産業が生まれて成長することを銀行が支えたからです。日本で一番強い経済システムの中心に、銀行がいたのです。

今、日本では非常に多くの人が自分の銀行口座を持っています。そのことを前提に口座振替というシステムまであります。公共料金からＮＨＫ受信料まで手数料なしの口座振替で毎月使用料を決済する。こんなシステムを持つ国は他にありません。小口のお金を銀行口座から直接引き落とすシステムがそもそも存在していた国で、アメリカのように小口のお金を使うときに便利にデビットカードを使う、という必要性は薄かったのです。また、日々売り買いする中で少額のお金をやり取りすることが煩わしいという感覚が、店側にも客側にも薄いお国柄でもあります。

また、アメリカでは、例えばガソリンスタンドで二五ドル分のガソリンを買う際に三〇ドルを現金化してもらい、五ドルは現金でもらってスタンドで雑貨でも買う、といった少額決済ができます。しかし、日本では銀行法に抵触するので、そういう使い方はできません。

もう一つ、日本ではデビットカードは少額決済に使うものだから、と少額にしか使えないというシステムにしたことも伸びなかった理由です。というのは、実際に運用が始まると、証券会社や高級呉服店で高額決済が行われたケースが意外にもあったからです。

仕事を引退していたり専業主婦だったりして、自分のクレジットカードを持っていないけれどお金は持っている方もいます。そういう方が例えば高級呉服店で、「これはいいわね、こっちもいいわね」と予定より多くのもの、あるいは高いものを買いたくなったけれど、一〇〇万円単位のお金を銀行でおろして店まで運ぶのは大変だし、後で振り込むのは煩わしいという場合に、デビットカードで決済すればあっという間に買い物ができます。あるいは、証券会社で株や国債を買うときに、相場は動いているので予定金額をオーバーして必要になった、という場合、デビットカードで支払えば不足分を補えます。

しかし、それは主旨が違うし、もしデビットカードでいくらでもお金を下ろせるのであれば、極端な例かもしれませんが、誰かに脅かされたり店でぼったくられたり、子供がいたずらして使ってしまったりしたら大変だ、ということで上限をつくったことで利用の幅が狭くなってしまいました。

このように結果的には大きなビジネスにはなりませんでしたが、自由が丘商店街振興組合にとって、デビットカードのシステムに参加したことは、同時にクレジットカード事業を始めることを可能にしたことで大きな利益をもたらしました。

日本でもデビットカードシステムが導入される、という情報を私たちにもたらしたのは、「私の部屋」の社長だった前川嘉男さんでした。彼は海外にも店を持っていたので、なんとアメリカのデビット推進協議会に入っていて、日本でJデビット推進協議会を立ち上げた際の諮問委員を務めていました。それで私は前川さんから、自由が丘が参加するために勉強しなさいと言われ、一九九七年の終わりか一九九八年の初め頃に英文の分厚いレポートを渡されて、デビットカードとはいかなるものなのかを学ぶことになりました。

デビットカードの導入は郵便局と郵政省がきっかけをつくったのですが、郵便局だけにやらせるのはよくない、という話になって、富士銀行（現みずほ銀行）が幹事になり、銀行もゆうちょも参加することになり、Jデビット推進協議会がつくられました。しかし、自由が丘商店街振興組合はいくら法人格といっても商店街の組織に過ぎず、推進協議会に入ることは困難でした。そこで、前川さんがJデビット推進協議会に、「私の部屋」の持っているメンバーとしての権利を譲るから承認して欲しい、という話をしてくれたのでした。

この当時商店街が街の商店を取りまとめる形でカード事業を行う、代表加盟店方式を大規模に導入していたのは、京都と銀座だけでした。特に京都四条繁栄会はなんとJデビット開始の一〇年前から銀行と直接LANで接続して独自のデビットカードシステムをつくり上げていました。四条繁栄会の若手のリーダーの中に呉服屋の若旦那で、前職がIBM社員というキーマンがいました。

京都は世界からお客様が来る街です。たまたま京都に来ていたお客様が、銀行からお金をおろせないために買い物ができなくなるというように、商売のチャンスを逃すのはもったいない。銀行口座から直接お金を引き落とせたらこんなにいいことはないと考え、京都銀行と京都信用金庫と京都中央銀行、三菱銀行と契約して直接口座から引き落とせるシステムをつくりあげていました。京都で力を持つ地元企業のオムロンが協力して、ＩＢＭのホストコンピュータをオムロンが管理する京都キックスという非常に巨大なシステムを構築しており、クレジット決済事業も行っていました。私はその話を前川さんと一緒に聞きに行きました。

銀座には、銀座百店会という銀座を代表する各店老舗によって構成される強力な組織があります。和光一店の売上だけで自由が丘全体より大きい街と同じような決済事業を、果たして自由が丘にできるのだろうかと思いました。

しかし、デビットだけでなくクレジットカードシステムも導入すればその取引額は大きなものになるので、振興組合が代表加盟店となり、手数料の一部を自由が丘商店街振興組合がもらうことにすれば、カードシステムのランニングコストを払うことは可能かもしれない。そしてデビットカードという新しいシステムの話題があれば商店も参加してくれるかもしれない。次第に気持ちは、「走れるかもしれない、トライして走ろう」と変化していきました。そして、デビットカードシステムに参加したいと通産省にシステム開発のための補助金を申請したところ、全国で商店街としての参加は皆無だったので、非常に驚かれました。

採択にあたっては、その三年前に、自由が丘にはゴミ収集システムを導入して成功させた実績が評価されました。組合員以外の店も参加して一年三六五日毎日ゴミを収集し続け、決済も問題ない。その自由が丘ならできるのではないか、と判断してもらえて多額の補助金が経済産業省からおりることとなり、カード事業が走りだしたのです。

日本でデビットカードシステムが始動したのは、二〇〇〇(平成一二)年三月六日である。この日に向けて自由が丘でも、岡田を中心に動き出した。岡田は慶応大学経済学部を卒業後、一九八一(昭和五六)年に東洋信託銀行(現三菱UFJ信託銀行)に就職している。五年間働いて修業した後に、自由が丘に戻ってくるわけだが、銀行時代に会社から叩きこまれたのは、お金を商品で扱う業界なので、収支を一円たりとも間違えてはいけないということである。だから、非常に高い緊張感を持って仕事に当たらなければならないという厳しさはもちろん、信用がどれだけ大切なことなのかも身に沁みて知っていた。自由が丘でカード事業が動き出した後も、彼が新たなスタッフとして雇ったのは銀行や郵便局のOGたちである。彼女たちなら、お金を商品として扱う厳しさをよく理解しているからである。

一九九九年当時の自由が丘商店街振興組合の理事長は渡邉靖和である。渡邉はまず事務局を拡充してスタッフを一名から四名に増やしたうえで、事に当たらせた。当時の財務部長は自由が丘デパート会長の須藤弘之だったが、金融機関と交渉するには金融機関出身の人間でなければいけないだろうということで、岡田が正式に財務部のカード委員長に就任し、事業を立ち上げたのである。

自由が丘がデビットカードシステムを扱うことができたのは、システムをつくる沖電気工業と幹事銀行をしていた富士銀行からの打診があったからでもある。当時、沖電気工業のSEとして自由が丘のデビットカードシステムの開発に携わり、現在はジャスパスの社員である宮崎泰弘は次のように語る。

「一九九九年に上司から、国の補助金事業があると聞きました。上司は自由が丘とつながりがあったので、『デビットカードが二〇〇〇年に始まるのと一緒にクレジット事業を、補助金を用いて立ち上げませんか』と、自由が丘商店街振興組合に話を持ちかけたのです。自由が丘ではクレジットカードが盛んに使われていたからです」

前川はこの沖電気に入る補助金の存在を知っていたのである。宮崎というシステムのプロのパートナーを得て、岡田はこの難事業に乗り出した。宮崎の活躍は後ほどくわしく紹介するとして、まずはカード事業がいかなるものであったのか、岡田の話から明らかにする。

「デビットカードと合わせてクレジットカード事業を自由が丘がやるという話になり、意欲的にわれわれと契約しようとしたカード会社がダイエー系列のOMCでした。それで私はカード事業について勉強しながら考えたのです。クレジットカード会社には、銀行系のナショナルブランドだけでなく独立系の会社もある。自由が丘にとって契約したほうがいいカード会社もあるはずだ。それはどこかと言えば、東急系列のTOPカードだろう。何しろ目黒区を走る電車のほとんどは東急電鉄であり、自由が丘は東急電鉄と親しい関係にあります。だからTOPカードを自由が丘で使えるとなれば喜ばれるはずです。

碑文谷のダイエーが自由が丘からも近いので、自由が丘の来街者にはOMCのカードを持っている人も多い。現に私も持っていました。だから、店頭に「OMC使えます」、「TOPカード使えます」と書いてあると、便利だと思ってもらえるのではないでしょうか。そこで、この二社に協力を求めたのです。

TOPカードさんからは「全面的に協力しましょう」と快諾してもらいました。結論だけ言うと、全カード会社が手数料を下げてくれました。今はだいぶカード会社も集約されて数が少なくなりましたが、当時はJCBカード、UFJカード、JACCSカード、ニコスカードなどたくさんの会社があり、一〇数社と契約しました。なぜ代表加盟店であるわれわれにこの契約が可能だったかというと、自由が丘には一〇〇〇を超える店があって、クレジットカードの利用金額が大きかったからです。

自由が丘商店街振興組合が代表加盟店としてクレジットカードについてどんな役割を果たすかというと、クレジットカード会社と利用者のお店の間に入って中継業務をやるということです。専門用語で「アクワイアリング」と言い、「中継する」という意味です。例えば、自由が丘にお店が一〇〇〇軒あります。カード会社はそれまで一〇〇〇軒それぞれと契約して一〇〇〇個端末を置いてもらい、一〇〇〇回の決済をします。営業先もトラブル対処先も一〇〇〇軒分です。

それを全部自由が丘商店街振興組合が取りまとめるので、カード会社はまとめて自由が丘と契約して一回決済すれば済みます。膨大な事務経費負担が軽減されるわけです。だから、われわれはカード会社に対して手数料を下げてほしいと交渉することができる訳です。この差額の一部が、自由が丘商店街振興組合の運営経費として活用されます。しかしその差額すべてを組合の収益とするわけではありません。

われわれはあくまでも商店街の組合ですから、手数料で儲けるのが目的ではありません。カード事業を行う第一の目的は組合員のお店の手数料を下げることにあるからです。九〇億円の売上がありますが、その金額で設備の減価償却費、回線利用料、人件費、運営費をまかないます。ギリギリで回せる金額を割り出すのに、以前行ったカードの調査データが役立ちました。これぐらいの金額があれば運営できる、という予測を立てることができたのです。その分、お店がクレジットカード会社に支払う手数料もギリギリまで下げることができます。

デビットカードシステムも、代表加盟店としてお店の負担を軽くしました。クレジットカードと違い、デビットカードは毎日決済するのですが、それでは事務が煩雑になります。ですから、お金はわれわれが取りまとめて、店側には毎月一〇日、二〇日、月末に払う形に設定しました。

また、組合であるわれわれの目的は商店街の店の利益に貢献することですので、店への支払いもなるべく早くしています。クレジットカード会社と店の直接契約の場合、一番早い支払いは月末締めの翌月末払いですが、最大で二ヵ月後ぐらいまであります。それを自由が丘商店街振興組合が代表加盟店として立て替え、一五日後にまとめて店に支払う。二回分割払いのものも一回目で支払っています。さらに、これまでカード会社によって支払われるタイミングも手数料もばらばらだったのを、全部ひとまとめにしています。

それぞれのカード会社の支払い情報は、全部整理して一つにまとめ、今月はいくらどのような売上があります、というリストを各店に送っています。その結果、店の煩雑な経理事務も非常にシンプルになっています。

さて、システムを導入するときに宮崎さんが登場します。システムについては私も素人でしたから、宮崎さんから毎日一時間、二時間レクチャーを受けていたのですが、当時彼が使うのは、日本語に違いはないのですが、専門用語ばかりで最初は何を言われているのかさっぱり分かりませんでした。それを食らいついて聞いて、毎日知恵熱が出そうなほど頭を絞り理解に努めました。一杯飲んでクールダウンしなければやっていられないほどでした。

ところで、デビットカードをいよいよ日本でも導入しようとした一九九九年という年はちょうどY2K、二〇〇〇年問題を控えていたときでした。コンピュータプログラムが下二桁で登録している場合、二〇〇〇年という数字の〇〇を一九〇〇年と間違えるかもしれない。するとシステムがダウンする危険があるということで、一九九九年末からSEの人たちが正月休みなしでシステムを守るという事態になっていました。そのタイミングにかかると危険だから、二〇〇〇年になってからスタートしましょう、となりました。

しかし、二〇〇〇年はうるう年としても非常に難しいタイミングでもありました。誰でも知っている通り、うるう年は四年に一度二月を二九日間に一日ふやすことで、暦と地球の回転のずれを調整する役割なのですが、しかし、それでも更に運行と暦がずれるので、一〇〇年に一回はうるう年をやめる。そして四〇〇年に一回はうるう年をやめることをやめることになっています。

複雑な話ですが、結論として二〇〇〇年はうるう年でした。でもその複雑な二月二九日が終わってからのほうが安全だというので、その日を過ぎ、企業の会計処理が集中する五十日《ごとうび》の一つである五日を過ぎた三月六日にしようということで、デビットカードシステムは、一見中途半端な二〇〇〇年三月六日スタートとなったわけです。

何しろ初めての仕事ですから、ちゃんとスタートできるか心配でした。その日は午前中からテレビカメラなどたくさんのメディアが来て、「自由が丘でデビットカードが使えるようになりました」と伝えたのですが、もしいっぺんに動き出してコンピュータがダウンしたら大変なことになるので、まずは駅から見える範囲の目立つお店六〇軒だけと契約し、十分よく説明をして理解していただいてからスタートすることにしました。

幸い順調にスタートでき、評判もよかったので、翌年の三月末までに契約店舗数は二六〇店にまでふえました。地元の商店に配る自由が丘新聞でくり返し特集を組んで知らせましたし、二〇〇〇年に入ってからは毎日のように午前中、午後、夜と、勉強会を開いて、端末の使い方から日計を出す際のやり方など説明して周知徹底できたからだと自負しています。

銀行やカード会社との交渉を進める一方でシステムについて学びながら開発を進め、当局に補助金の申請手続きをしたり、プログラム開発担当の沖電気と交渉する。さらには商店街の人々に周知徹底する。岡田の一年間の多くの時間が、この仕事に費やされた。

コンピュータで動かすカードシステムを導入したことで、大小のトラブルにも対応する必要が生じた。端末が動かなくなる原因の多くは紙詰まりだが、中には機械が故障している場合もある。通信エラーもある。これまでに三度、雷が落ちるなどのNTT側のトラブルでシステムがダウンしたことがあった。もちろんデータはバックアップを取っているが、しばらくは端末を使えず店にアナログの紙の伝票で対応してもらうこともある。

自由が丘ではコンピュータシステムの進化に伴い、第四世代までシステムを交替させている。立ち上げから二〇〇五（平成一七）年までの第一世代は、会計処理をするたびに通信をつなぐISDN回線を使用しており、一回ごとに通信料がかかっていた。また、巨大なホストコンピュータを自由が丘会館内に設置していた。第二世代の際に、インターネット常時接続システムを採用し、各店にインターネットを導入してもらった。コンピュータはNTTデータのデータセンターで管理するシステムへ移り端末も替える。二〇〇八（平成二〇）年には端末を変更することになり、すべてのシステムのインターネットへの切り替えが終了。二〇一四（平成二六）年九月には、端末が替わっただけでなく、通信と精算を分離独立させ、通信は専門のセンターと契約して管理してもらう形になった。

この四度の切り替えを要約すると、何もかもを自由が丘商店街振興組合内で管理しメンテナンスしなければならなかったシステムが、段階を追ってバックアップ体制が充実し、外注化が進んだということである。

「どこにどの役割を持たせれば、今の時代に合った一番いいシステムを組めるかという検討をした結果です。二〇〇〇年代初頭は、まだ自分たちが持っていたほうがいいが、二〇一四年には自分たちでデータを持たなくてもよい時代になってきた。そのサービスがきちんとできるサーバーだけを管理しましょうという話です」と話す宮崎は、導入当初を振り返り「正直言って、第一世代のときはヒヤヒヤものでした」と言う。何しろ大企業のようにセキュリティー万全でも、コンピュータシステムに精通した内部スタッフがいるわけでもない一商店街組織なのである。専門分野に携わる人間としては当然の感慨だろう。

宮崎は二〇〇二（平成一四）年に自由が丘商店街振興組合の職員になり、二〇〇八年のジャスパス発足と同時にジャスパス社員になった。岡田のヘッドハンティングで自由が丘の人間になったのである。

それは沖電気でこのシステムの開発に携わったため、システムの全貌を理解しトラブル対応できるのが宮崎だったことがきっかけなのだが、システムが実際に動き出すと紙詰まりなどの不具合その他さまざまなイレギュラー処理が発生することがある、しかもそれは二四時間対応であるという現実の厳しさが見えてくる。岡田はこの仕事を自由が丘商店街の中にいる人間だけではとても対応しきれないと読み、「君が生み出した新しい成果物の行く末まで観るのはどうだろう」と持ちかけたところ、宮崎が「それはありかもしれないです」と快諾したのだ。宮崎自身、自分がつくりだしたシステムが本当に通用するかどうか確かめたいと思っていたのである。

実際トラブル対応は大変だった。最初の数週間を何事もなく過ごした後、宮崎の携帯電話に夜中に問い合わせやクレームの電話がかかるようになったのだ。「一回起きたら、起きるごとに眠りが浅くなっていく。そのうち、一コールか二コールで起きられるようになりました。お酒が入っているお客さんから『すぐ来い』と電話がかかってくるのです」

宮崎の住まいは埼玉県にある。自由が丘までは電車を乗り継いで二時間ほどかかる。その距離の町にあえて住んでいるのは、たいていの客は「今から行くと二時間ぐらいかかりますよ」と言うと、翌日まで待ってくれるからだ。しかし、二〜三割は「すぐ来い」と折れない人がいるので車で駆けつけることになる。

また、多くの場合は電話で対応できたが、実際に駆けつけなければ問題点が分からない場合もある。この事務処理の大変さを心配した三井住友銀行から岡田に、子育てのために退職したＯＧを紹介してもらえることになった。二〇〇〇年代半ばからは、宮崎と四人の銀行と郵便局のＯＧがこの仕事に従事する体制が整えられ、やがてはほとんどの問い合わせやクレームを、専門の会社に委託できるようになった。

さて、次に大きな問題が発生したのは、インターネットが普及して料金が安くなることを見越し、二〇〇五年に第二世代に移行した際だ。当時、金融システムというセキュリティーが非常に厳しい世界で、誰でも利用できるインターネット回線を利用する例はあまりなかった。一体なぜ、どのようにそのシステムを導入できたのだろうか。

インターネットを導入した目的は、カードシステムにかかるコストを少しでも安くすることです。最初はＩＳＤＮ回線を利用したので、カードでの支払いがあるたびに通信料がかかっていました。特にデビットカードは少額決済だから、例えば一〇〇円のジュースを買われてパケット通信の標準的な金額である八円の通信料を取られたら、それだけで八％の費用になってしまいます。それで、宮崎さんに「通信料がかからない方法はないのか」と聞いたのです。するとインターネット常時接続にすれば、その都度の手数料がかからない。ひんぱんに取引があっても事実上タダになると教えてくれました。

ところが、その交渉のため宮崎さんに同行してもらってカード会社に行ったら、それは大変なことだと言われました。確かに自分たちはインターネット通販もやっているけれど、システムは暗号化しているし使うパソコンも特定している。「公衆回線を使ったりして、もしハッキングされたらどうなるのですか」などと言われました。

彼らはトリプルデスというシステムで、コンピュータ言語であるゼロと一の組み合わせを乱数化して数字を並べ替えることを三回くり返して、ハッカーが侵入しても数字を解読できないようにしていたのです。それで、「うちもトリプルデスをかけます。さらにもう一個暗号を開発して、四回暗号化をかけるトリプルプラスワンで運営をします」と断言をして了承を取り付けました。

コンピュータは、ゼロと一の数字の組み合わせにしたデータを読み取る。当時、インターネット決済に盛んに使われていた暗号は、SSLの六四ビットというものだ。一ビットはコンピュータの基本単位で、ゼロか一かという数字一つ分である。六四ビットは、ゼロまたは一の数字六四個分である。それに対し、自由が丘が採用したセキュリティーコードはSSLの一二八ビットである。一ビットを一つの鍵と考えると、通常六四個の鍵が並んでいるのに対し、自由が丘ではその倍の一二八個の数字を並べたのである。当然解読は難しくなる。

宮崎の解説を聞こう。

「なぜサイバー攻撃を受けるかというと、不特定多数の人が入れる門戸を開けているからであって、われわれは従業員の通用口のようなものを開けているだけだと説明したのです。SSLは船のようなもので、港から港へモノを移動させる場合、貨物船を用いるか軍用艦で移動させるかと考えれば、当然軍用艦セキュリティーのほうが強い。軍用艦を使い専用の埠頭に運ぶというのが、われわれの情報移動の方法です。

さらに、このゼロと一が大量に並んだものを解析して解体し、利用するという大きなリスクを取るには、それなりに見返りが大きくなければならない。せめて一〇〇万件ぐらいの情報は取らないと、犯罪の見返りがないことを考えれば、われわれのような小さな商店街組織よりインターネット決済で一〇〇万件、二〇〇万件の取引があるところを狙ったほうがいいわけです。

通信の暗号は二回かけることが、一般的です。われわれはデータを取ったときにすぐ暗号化をして、通常の暗号化にのせて、さらにＳＳＬで暗号化している。合わせれば四回分ぐらいの暗号化をかけているということになるのです」

この強固なセキュリティーを施した第二世代のカード事業が始まった後、自由が丘商店街振興組合は鉄道系電子マネーも導入している。ＪＲは二〇〇一（平成一三）年にＳｕｉｃａを導入し、東急電鉄他首都圏の私鉄が加入したＰＡＳＭＯが二〇〇七（平成一九）年に始まる。これらの電子マネーは電車賃の支払いに当てられるほか、コンビニなどの加盟店で使用できる。このシステムに自由が丘も参加したのだ。


二〇〇七年は、そろそろシステムが老朽化するというタイミングで、切り替えるために必要な補助金を獲得するためにも、新しいシステムが必要でした。その機会に、目黒区商店街連合会にもカード事業を持ちかけました。目黒区には以前からポイントカードシステムの導入を持ちかけていましたが、資金調達の問題もあり実現していませんでした。しかし、鉄道系電子マネーにポイントがつくということになれば、新たにカードを発行するお金は必要ありません。

そこで東急電鉄からパスモ社へと話をつなぎ、それを鉄道系電子マネーをつくっているＪＲメカトロニクス社に話をして、ＰＡＳＭＯの技術情報を開示してもらうことで実現しました。発行手数料ゼロ、通信料ゼロ、ランニングコストもかからないというポイントカード事業です。鉄道系電子マネーで決済も買い物もでき、その際にはポイントがついて使えるというメグモという目黒区商連共通ポイントシステムを構築しました。

メグモは七年間運用したのちにサービスを終了しています。ローソンのポンタカードやツタヤ等のTポイントといった大手チェーン店の企業連合のポイントカードシステムが次々と登場し、街場の地域連携に活用するポイントカードには残念ながら対抗することが困難でした。

しかし、われわれはそのままでは終わらせず、二〇一四年からTOPカードと連携して、自由が丘でTOPカードで買い物をすれば、ポイントが二倍つくというサービスに転換しました。それが第四世代のシステムで導入しています。ここでも東急電鉄グループとの協力が功を奏しています。

カード事業は、来街者にとっては見えにくいサービスかもしれない。クレジットカードは自由が丘に限らず多くの街で使えるからだ。しかし、店側にとっては現金以外での決済は非常に煩雑な事務作業があり、入金まで時間がかかるなど、さまざまなコストがかかるものである。その負担を軽くすることは、店の利益になり、それはやがて新しい商品やサービスの誕生につながる可能性を持つ。

カードにつくポイントは、消費者にとって目に見えるサービスである。商店街のポイントカードは、その町でほとんどの買い物を済ませる人にとっては便利なサービスである。ポイントが貯まればその分で新たにお金を使わずに買い物ができる。しかし、その商店街以外での利用が多い人にとっては、なかなかポイントが貯まらないため、さほどメリットを感じられない。自由が丘や目黒区が直面したのはその問題だった。

都会の消費者は、さまざまな町で買い物をする。また、都会の商店街を訪れる人は地元に住んでいるとは限らない。ポイントがなかなか貯まらない環境の中で、自由が丘の来街者が多く利用する東急系のスーパーや百貨店などで使えるＴＯＰカードなら、その利益が今後消費者にとっても目に見えるものとなるかもしれない。

ちなみに、自由が丘のカード事業は現在さらに広がっている。中国のクレジットカード会社、銀聯カードとも契約したのだ。中国では他のクレジットカードがあまり使えないので契約者が多いうえ、自由が丘でも中国人観光客が多く訪れるようになり、必要性が増していた。銀聯カードの利用者は伸び続け、現在では全世界で発行されているカード一〇〇億枚のうち、五割以上を占めるまでになっている。

見えるところでも見えないところでも、サービスを拡大し続け、街の人達にも街の利用者の人たちにとって、便利さを増している自由が丘。最後に、この街が試みる夢の話をしよう。

3 エコタウンへの道

自由が丘はその昔、どこにでもある村だった。発展できたのは、もちろん都市近郊という立地の良さがあったからである。しかしこれまで読んできた方にはお分かりのように、単に都心に近いだけでは、今日の姿はありえなかった。開明な地主に恵まれ、文化人たちに愛され、自主独立の精神を養い、今日までその精神を貫き通した結果の現在の繁栄がある。

しかし、同時に行政区画としては目黒区と世田谷区の外れに位置していたことや、鉄道会社を含め大きな資本が土地を持たなかったことから、自ら街づくりをしてこなければならなかった側面もある。自由が丘の人々には常に端っこの地域にあって強いバックアップがあるわけではない、という危機感があった。何度も危機を経験しながら、その都度知恵を絞って現実的に可能な道を探り続けた結果としての今日がある。

そして今、小道がいくつも通っていて、そのあちこちに、おしゃれな店、かわいい店が入った発見がある楽しい街になった。もちろん、それらの地域は、プロローグで示したとおり、耐震性、防火性の問題も抱えている。

しかし、一挙に安心・安全な街に変えるわけにはいかないからといって、自由が丘が手をこまねいてきたわけではない。時に大きな決断をしながら、少しずつ、じわじわと、諦めることなく着実に

街の使いやすさを改善し、美観を整え、魅力的な街づくりをしてきた。

南口とサンセットアレイから始まった、細街路を美しい石畳の道にする試みは、街のあちこちに広がり続けている。ブールバール街が自主的に取り組んだ建物のセットバックから始まった試みも、地区計画を持ち、ジェイ・スピリットや街並み形成委員会が加わって、空間にも少しずつゆとりができ始めている。駅前広場も使いやすくなり、東急線の高架下は、東急電鉄の協力も得て明るく見えやすい場所になった。緑道は憩いの道としてすっかり街の顔になっている。

自由が丘商店街振興組合は、魅力的な街に欠かせないインフラを、さまざまな機会を利用して整えてきた。ゴミの回収システム、カード事業も、来街者には見えないところで改善された仕組みである。

もう一つ、いつの間にか少しずつ整えられてきたことの一つとして、緑化に注目してもらいたい。実はさり気なく、少しずつ小道に緑がふえてきているのである。最近はバラの木をふやすことにも力を入れているので、春と秋にはかぐわしい香りと花が見られるだろう。その取り組みは、自由が丘森林化計画と言う。

発端は、古書店西村文生堂の西村康樹が二〇〇七（平成一九）年の女神まつりのときに始めた「エコイベント　MOTTAINAI　JIYUGAOKA　07～本を森に帰そう～」という取り組みである。「名前がよかったんだよね」と謙遜する西村だが、内容にも自由が丘らしいユニークさがある。その後都議会議員になった自由が丘商店街振興組合の環境部長、栗山よしじから「女神まつりの際、エコの精神を伝えるイベントとして何かアイデアがないか」と相談された西村が、「古本でも集めますか」と答えたのが始まりである。

女神まつりの際、来街者にいらなくなった本を持ってきてもらって、本を引き取った西村が古本市場に出して得たお金で木を植える。持ってきてもらった本にお金は払わないが、ガラガラくじでホイップるんエコバッグが当たる仕組みにした。再生紙に回すのではなく、本が本として活用されるのでイメージも良い。エコ雑誌『ソトコト』に取り上げられるなどして話題を呼んだこのボランティア活動に注目したのが、岡田である。

西村さんが一〇年ぐらい前にイベントで始めた取り組みを発展させ、街に緑がふえることをもっと恒常化させたい。緑をふやす試みを大きく森林化計画と名づけて、いろいろな人に協力してもらおうとなったのが、二〇〇八（平成二〇）年です。極端に言えば、グーグルマップで空から見ると、自由が丘の街が緑だらけで森林に見えるような商店街を目指そう。それは大きすぎる話かもしれないけれど、そのぐらい大きな実現目標を掲げたほうがよい、と考えたのです。

「自由が丘森林化計画」というネーミングにインパクトがあったこともあり、東京コカ・コーラボトリングから協力の申し出がありました。五年ほど前だったと思いますが、当時の東京コカ・コーラボトリングの副社長が私の慶応大学時代の先輩で、飲み会で森林化計画の話をしたら、「それは面白い」と言われて、ＣＳＲ（コーポレート・ソーシャル・レスポンシビリティ）のチームの人に会うことになりました。

すると今、企業の社会貢献事業はＣＳＲからＣＳＶ（クリエイティング・シェアード・バリュー）と変わってきていて、それは利益を出しながら社会貢献事業をすることになっていると聞きました。単に社会貢献するだけのＣＳＲだと、本体の業績が悪くなるとやめることになりがち、ということが課題でした。売上を伴うＣＳＶにすることで、本当の永続的社会貢献をするということが欧米では当たり前になってきて、日本でもそれをやりたい、となってきていたのです。

当時、日本コカ・コーラは、コカ・コーラの自動販売機を省エネ型に切り替えようとしていたのですが、省エネ効率何％では、地味すぎてしまってアピールしにくい。それをどうしようか、という話になっていたところだったそうです。

冬場の自動販売機は、熱い飲み物と冷たい飲み物を同じ箱で売っているでしょう。片方では加熱して片方では冷やすので、今まですごくエネルギーを使っていました。それを、冷却の排熱を利用して温めるという環境に優しい機械を開発したのです。その最新機種を自由が丘に投入してアピールしたい。さすがに世界企業だけあってアイデアも豊富で、機械の上を緑化しようという話になりました。

今、自由が丘に置いてある専用機種「ルーフ緑化自動販売機」には、上にスナゴケという乾燥に強い苔を植えています。一度乾燥して真っ茶色になっても、霧吹きで水をかけるだけで一分ぐらいで緑色に戻るというすごい苔です。自動販売機のルーフ部分にこのスナゴケを植えた緑化シートを加工し、表面部の温度上昇を抑制して冷却効果を向上させ、消費電力をへらすという仕組みです。

自由が丘森林化計画には、この新型自動販売機の売上から一定の割合を寄付してもらうことになりました。そこからさらに話は進んで、どうせならコカ・コーラと自由が丘のタイアップを一目瞭然にするために、自由が丘のイメージキャラクターホイップるんを描いた白と緑の自動販売機をつくることにしましょう、となりました。コカ・コーラといえば全世界で厳格にいわゆるコカコーラレッドの

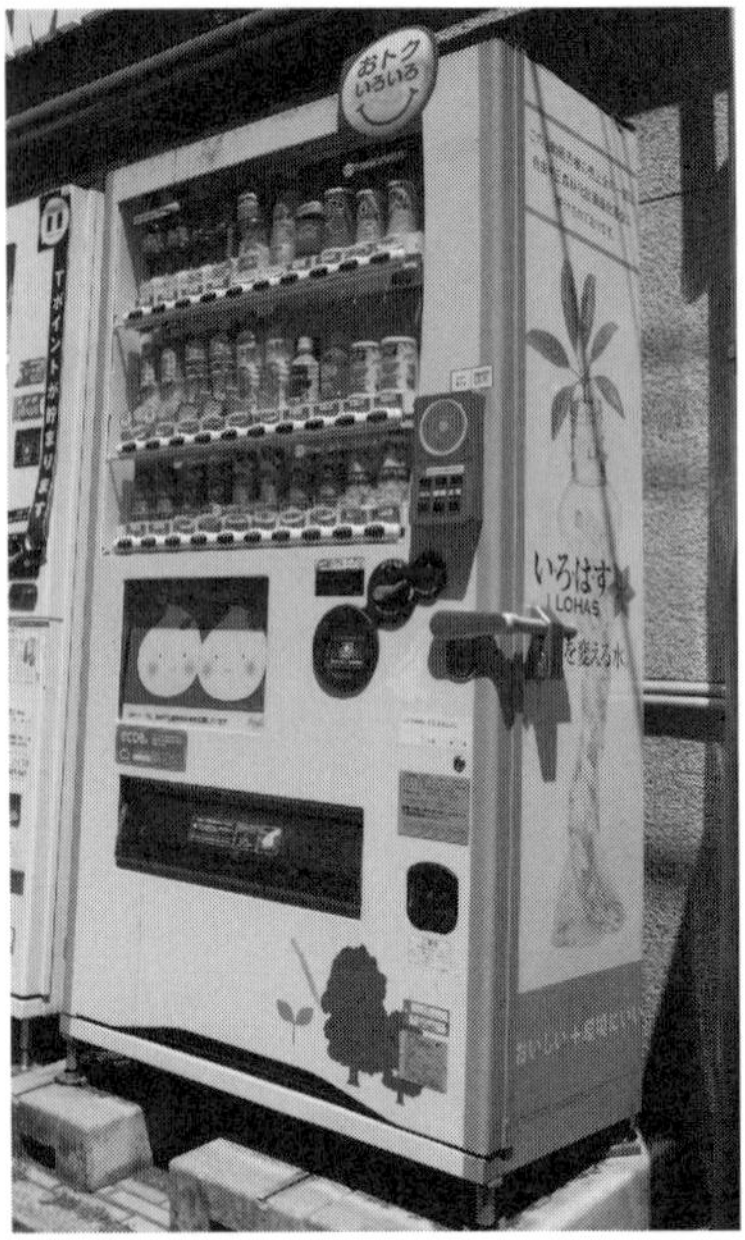

使用が義務づけられています。にもかかわらず、緑と白にするなんて可能なのかと思ったのですが、コカ・コーラには「い・ろ・は・す」という水源地を守る活動に売上の一部を当てる水のブランドもある。それは元から緑色を使った商品で、緑と白でも親和性があったことも幸いしたようです。

導入記念イベントは盛大にするべきだということになり、東京コカ・コーラボトリングの

社長も来て、私と二人でテープカットをする除幕式まで二〇一〇（平成二二）年九月に開きました。それから順調に台数を伸ばし、現在二八台が街のあちらこちらに設置されています。

自由が丘森林化計画は、ＰＡＳＭＯ、Ｓｕｉｃａの売上の一部や「本を森に帰そう」のイベントでの売上金、東京コカ・コーラボトリングなどの協力で得たお金で、プランターの花や鉢植えの木を買い、自由が丘のあちこちに置くものである。その後ＮＴＴも協力を申し出、駅前の電話ボックスにホイップるんを置いてアピールし、自由が丘近辺の自社の建物屋上を緑化するなどの協力をしている。東急電鉄でも、一九七二（昭和四七）年に始めた緑化活動を原点とする「みど*リンクアクション」という活動で協力している。こういう形で、少しずつ着実に自由が丘とその周辺が緑化されているのだ。

ちなみにホイップるんとは、女神まつりで西村が公募したお菓子のイメージキャラクターが元になったもので、いつの間にか街に定着した。ゆるキャラブームの前、一〇年ほど前から街にある。イベントのときには、ホイップるんのキグルミが登場し、マスコットも売られる。自由が丘バリューアップクラブの発案で、東急の電車にキグルミを乗せたこともある。このキャラクターが街の公式キャラクターになったのは、コカ・コーラが関わった後で、二〇一二（平成二四）年一〇月からである。

自由が丘森林化計画のメインプロジェクトには、現在丘ばちプロジェクトが位置づけられている。銀座ミツバチプロジェクトに触発されて、二〇〇九（平成二一）年三月からスタートしたものだ。銀座ミツバチプロジェクトは二〇〇六（平成一八）年三月から、セイヨウミツバチを飼って獲れるはちみつを資生堂パーラーのデザートなどに使っている。一五〇キロ強から始まり、二〇一一（平成二三）年時点で八四〇キロものはちみつが獲れている。この取り組みは、銀座の近くには皇居があり日比谷公園があるなど、都心でありながら意外にも緑が多い環境をクローズアップさせ、親しみも沸くことから注目も集めた。自由が丘商店街振興組合でも、このアイデアを取り入れることになったのだ。

岡田は、「丘ばちプロジェクトを回すことによって、街の中に緑がふえる。森とまではいかなくても、『確かに緑があって普通のビル街とは違うね』というところまでたどり着ければ」と言う。その岡田が「今や養蜂家」と評するのは、自由が丘商店街振興組合の事務局長、中山雄次郎である。中山に丘ばちプロジェクトについて聞いた。

「丘ばちのはちみつの量は年間一〇〇キロです。二つの巣箱から始め、今お借りしている設置場所はビルの屋上庭園の一角で実質七階建ての建物です。最初はミツバチ二群だったのですが、今は三群にふえました。本当は養蜂家が分蜂してはいけないのですが、ちょっと計算外の事態が発生したからです」

それは二〇一五（平成二七）年のＧＷ中のことだ。分蜂とはミツバチがふえすぎたときに新たに女王バチが生まれ、新たな群れをつくることで、新しい群れは新しい巣を見つける。しかし、それが町中で起こると、蜂の群れがどこに巣をつくるか分からないため危険なのである。この事件のときは、幸い巣箱がある屋上庭園の別の木に分蜂した蜂が巣をつくろうとしていたので、群れをうまく誘導して別の巣箱で管理することができた。無事に分蜂の作業を終えることができたのは、実は飼い始めたばかりの頃の苦い経験があったからだ。

「一回目の分蜂は、丘ばちプロジェクトを始めたばかりの頃で、このプロジェクト自体続けられなくなるのではないかと緊張しました。そのときは、屋上のへりのところに群れがいて危険だったので、涙ながらに掃除機で吸い取りました。中を開けたら風圧で全部死んでいて……大切に埋葬しました。僕らは蜂をリスペクトしていますので。養蜂は畜産です」

中山らが銀座ミツバチプロジェクトに関わるプロの養蜂家から教わったのは、まず病気を出さないこと。なぜなら鳥インフルエンザや狂牛病などの家畜の伝染病と同じで、爆発的な感染を防ぐため全処分しなければならなくなる。自分の蜂を殺処分するだけでなく、周辺でミツバチを飼っているもの全て殺処分しなければならなくなる事態に陥るからだ。

二つ目のポイントは、女王蜂は生まれて二週間で分蜂するので、週に一度は観て兆候を見逃さないようにして分蜂させないこと。その一方で群れを養う女王蜂の健康状態も確認すること。なぜなら働き蜂は一カ月しか寿命がないので、女王蜂が元気で卵を産み続けていなければ、一ヵ月後には群れが全滅してしまうからだ。

蜂の健康を守るために、中山らは試行錯誤をくり返し、巣箱を床に直接置かないようにしたり、風通しが良すぎない場所に置くなどの工夫をし、適度に日当たりがよく湿度が少ない環境を守り続けている。それでも、風が強く寒い東京の冬を越せない年は多く、その際は種蜂を飼育する養蜂場から新たに買っている。

「蜂の群れは、完全に女系です。女王蜂がいて、九割の働き蜂がいて、雄蜂は一割。雄が何をしているかというと、髪結いの亭主みたいにどこぞの女王蜂と結婚するためにウロウロしている。しかし、女王蜂もそんなにいないから、結局ほとんどの雄蜂は結婚もできずに養ってもらうことになる。しかし、結婚しても一生分の精子を生殖器ごともぎ取られて死んでしまうのです。結婚できても地獄、できなくても使い物にならない。男としては切ないですけどね」

と、蜂について語り出したら止まらない中山。はちみつ採集の最盛期は五月〜八月だが、その間に集める花によって香りも味も全く違い、特に花が咲き乱れる春は「スーパーで買ってくるものよりおいしい、素晴らしいはちみつが採れる」と目を細める。

しかし、何しろ量が少ないのと商店街のエコ活動の一環のため、丘ばちのはちみつは市販されていない。自由が丘スイーツフォレストとモンブラン、蜂の家で使用したスイーツを売るほか、イベントなど特別な機会に特別な景品として一般のお客様にお目にかけている。

今、丘ばちプロジェクトは、世界でも希少なバラ蜜の採集へと話が進んでいる。中山は「実はビギナーズラックでバラ蜜が採れたことがあるのです」と話す。「バラ蜜は蜜の六割がバラじゃないといけないので、ブルガリアの一部でしか本物はないと言われています。だからうちで採れるわけはないと思ったのですが、パティシエさんたちが舐めたときに『バラの香りがする』と言うので、蜜源を探しました。原因はグレッグ外語学院の屋上で理事長さんが自分のためだけのバラ園をつくっていたことでした。しかし、東日本大震災の後、もし大きな地震が起こると安全面に問題があるとなって、バラ園は解体されてしまったのです」

残念な話だが、それで「仕方がない」で終わらないところが自由が丘だ。中山はその後、バラについて調べ、バラ蜜を復活させる道を探ったのだ。

「花屋にあるバラは、見た目も色もきれいな究極の人工物になっていますが、本当の野生のバラは病気にも強い生命力が強い花なのです。そのオールドローズという原種に近いバラをグレッグ外語学院では育てていました。そこで私たちも農薬がほとんど必要ないオールドローズを育てようとしています。女神まつりのときに、女神像の周りに一〇〇鉢以上のバラを飾り、終わった後に商店街の店に里親として引き取って育ててもらうという試みを三年ぐらい続けています。オールドローズのよさは、蜂が蜜を採りやすいところにもあります。通常のバラのようにくるくる巻いていなくて、花弁が開いているので」

と、バラの話も語りだすと止まらない。このリサーチ力、この熱意。中山は自由が丘育ちではないが、長年職員として働き、すっかり自由が丘体質に染まっている。実は自由が丘を愛し熱心に研究し人に伝える彼が広報を務めていることも、自由が丘の強みでもある。

自由が丘という街は、次々と新しい事業を立ち上げ、失敗をしても負けずにそれを教訓としてさらなる挑戦をし続ける、諦めない体質が街を強くしている。同時に、その努力を自己満足に終わらせないで発信する力も持つ。

自ら売り込むのではなく、「自由が丘森林化計画」のようにわかりやすい形に落とし込んで、街の魅力を上げる。だからメディアが興味を持って取材に来る。発信される。人が集まる。協力者がふえる。事業が成長する。街が潤う。その好循環をくり返しているのだ。

さらに、ときどきで情報発信をするだけでなく、街の記録としても残し続けているのである。それは一般の人が読むＰＲ誌やガイドブック、組合員が読む自由が丘新聞などである。情報発信力がある街だからこそ、『自由が丘オフィシャルガイドブック』のように、書店で販売される本としても成り立つ。販売の発案者は古くからの自由が丘の記録に注目して発掘に務め、語り続けるだけでなく出版事業にも携わる西村康樹である。今読んでいただいているこの本もまた、この街の歴史を市販の本としてきちんと残そうという岡田の発案で西村が動いた結果だ。記録に残すことは、街の人々がアイデンティティを確かめ、次世代へと橋渡しするうえでも役に立つのである。

多方面への目配りを続け、制約のある中で発展を続ける自由が丘は、これからもきっと人を集め続ける魅力的な街であり続けるだろう。

エピローグ

産学連携がつくる未来へ

自由が丘が全国区で知られる街となっている背景として、この街が持つ情報集積力と発信力を見過ごすわけにはいかないだろう。もちろん、企業のように大きな資金力はないから、テレビCMや新聞広告などの広告を出すわけではない。しかし、「マリクレール通り」、「自由が丘森林化計画」のような分かりやすいコンセプトを掲げる技術は、コピーライターのものと共通する。

街の取り組みや目標を、誰にでも分かりやすいものにまで練り上げることで、協力者が現れたり、メディアに取り上げられて、注目を集める。その広報力で自由が丘の名前やその取り組みが全国に向けて発信されるのである。

例えば、スイーツフォレストができて自由が丘スイーツフェスタが始まり、「スイーツの街」というイメージができたことで、この街にさらにスイーツの店が集まった。その店がメディアに取り上げられる。自由が丘が紹介される。クオカのように、自由が丘ブランドを前面に押し出す店も現れる。このような好循環があるから、自由が丘は、常にどこかで情報発信される魅力的な街としてのイメージを保ち、人を集め続けているのだ。

もちろん、それはイメージだけにとどまらない。来てみたら石畳があって電柱がないおしゃれな小道がある。桜並木とベンチがある緑道がある。入り組んだ小道には、随所に地図が置かれ、場所を確認できる。インフォメーションセンターもある。週末には街の案内人を務める産業能率大学の学生ボランティアによる街の案内人、セザンジュもいる。ゴミは知らない間に取り除かれ、清潔さもある。

そういった来街者には見えないところも含めた、日々魅力を保つ努力を街の人々が続けているからこそ、「来てよかった」と思える街になっているのだ。
そしてこの街には情報集積力もある。自由が丘商店街振興組合の会員に配られる自由が丘新聞がある。来街者には、二年に一回発行される『自由が丘オフィシャルガイド』(昭文社)がある。このPR誌には断続的な歴史がある。
一九五六(昭和三一)年に最初に発行された『自由ヶ丘』は、街の店を紹介する電話帳スタイルのものに、自由が丘文化人の石井漠や石川達三などが文章を寄せたものだった。しかし、残念ながら号を重ねるうちに編集ページはなくなってしまう。
一九八六(昭和六一)年からタウン誌の形で発行されたものは、

編集ページを中心にしたもので、街の古老に昔の自由が丘やこの街の成り立ちについて聞くページが充実している。本書の第三章は、この時期の『自由が丘』を参考にしている。

そして平成になってガイドブックスタイルへと移る。書店などで市販されるようになったのは、一九九九（平成一一）年版からである。『自由が丘オフィシャルガイドブック』というタイトルを思いついたのも、市販を実現させたのも、古書店の西村文生堂店主の西村康樹である。

西村がガイドブックの編集に関わりだしたのは、一九九〇年代の終わり頃から。編集部に呼ばれ、意見を求められたことがきっかけだ。当時彼はまだ二八歳だった。若い女性向けの編集にすることが彼の発案で決まり、やがて、街中から広告を集める営業力を知った西村は、「編集ページの企画力さえ上げれば市販に耐えるだろう」と判断し、踏み切った。流通に載せるために出版社を回って昭文社から発行元になってもらう約束を取り付け、市販する本にしたのである。ガイドブックは最高約一〇万部を発行した。

その西村が大きな役割を果たした街の新しい局面が、産業能率大学との連携である。現在、自由が丘では岡田一弥が客員教授として、また渡邊清隆と西村康樹がそれぞれ授業を持つ講師になっている。西村が受け持つ授業は「自由が丘イベントコラボレーション」と言い、学生たちが自由が丘スイーツフェスタ、女神まつり、クリスマスイベントに関わる。学生たちはイベント当日の販売を担当するという単純な仕事にとどまらず、フェアトレードを売りにしたブースを集めてフェアトレードコーナーをつくるなどの企画も行う、街の戦力となっている。

企業との交渉まで行うので、中には東京コカコーラボトリングに就職するなど、将来の道が開けた学生もいる。岡田が二六歳で街に戻ってすぐに地区計画作成に関わったり、西村が二八歳からガイドブックの編集に関わったように、この街には若い人たちに「やってみな」と任せる胆力がある。未知なることを恐れない気風が若者を育て、街も刺激を受けて成長するのである。その土壌があったからこそ、大学生が街のイベントの戦力となることが可能になった。

実践を重視し経営学を教える産業能率大学が、自由が丘商店街振興組合と関わりだしたきっかけは、二〇〇四(平成一六)年入学の経営学部の学生が二〇〇六(平成一八)年から自由が丘で学ぶことが決まってからだ。まずはそのことを入学案内で紹介するため、前年の冬に街の関係者に協力してもらい、写真を撮った。その中に岡田がいた。入学案内編集をしていた林巧樹は、岡田が話す自由が丘の歴史に興味を持ち、オープンキャンパスで話してもらうよう依頼したのである。

数年、岡田の登壇が続くうちに街と大学の距離が縮まり、「自由が丘イベントコラボレーション」の授業が始まった。経営学部生のキャンパスが、神奈川県伊勢原市から完全に自由が丘となったのが二〇〇八(平成二〇)年。その翌年から、歩いて安心な街づくりをするための取り組みとして、自由が丘の街を案内する見守り隊を置くことになった。それがセザンジュである。その役を産業能率大学の学生が担うことになった。彼らは日々街を歩いて情報収集を行い、自主的に会議を行って情報交換をし、街の案内役を務めている。大学の授業として行っているのである。

街との連携を求めた理由を、副学長の宮内ミナミは次のように言う。

「当大学は実学教育を謳っていますので、マネジメントの知識や技能を実践の場に移して活躍する人を育てることを目的にしています。キャンパスのすぐ近くにビジネスの集積地があって魅力的な商店街なので、もっとお付き合いさせていただければ、学生も生きた題材として経営学を学ばせてもらえるというのが、自由が丘商店街振興組合と関わりだしたスタートです。

私たちの仕事は学生を成長させることで、その場を提供したいと思っています。商店街の人は日々真剣勝負なので、学生が授業の課題みたいなつもりでやったら、どやされてしまう。もっと大事なのはお客さまで、お客さまの前で言い訳は通用しない。中には失敗して悔し涙を流す学生もいます。しかし、大学で学んでいることを実践する場をもらうことで、学生たちは驚くほど成長するのです。

商店街の皆さんは基本的にオーナーであり責任者として動ける。通常は制約があってなかなか難しいというところまで踏み込んで、時間も使って教えていただける。自由が丘の人たちには、そんなに堅苦しくなく学生とやり取りする柔軟性と懐の深さ、フットワークの良さがあります」

自由が丘にとっては、大学と連携する魅力はどこにあるのだろうか。岡田の話である。

最初は私が通信教育の学生を対象に話しに行きました。学生が年に何日かは大学に来なければならないという機会に私が町の歴史の話を半日して、残りの半日を街に行き、その一日の収穫をまとめることでカリキュラムが成立する。

そのうち、「他の学生にも話してください」ということになり、学校の催し物のときにも一部をかいつまんで話すようになり、そのうち本格的に経営学部の学生の授業に、という話になりました。それは私がスイーツフォレストの事業を始めて、メディアに露出する機会がふえたことが大きいのではないかと思っています。

大学が自由が丘について調査する際には、その結果を街にもフィードバックしてくれています。調査会社に頼めば何百万もかかるような仕事を学生がタダで行ってくれることになります。しかも、経営学を教えている教授がついて分析もし、検討してくれるわけです。街にとってはありがたい話です。

西村さんが担当している「自由が丘イベントコラボレーション」も、最初はボランティアで参加させてくださいという学生が来ていた。最初は使えなかったかもしれないけれど、一生懸命来てくれるうちに認識も高まる。われわれも当初は「相手は学生なので授業としてふさわしい内容でなければまずいのでは」と遠慮がちでした。ところが大学が非常に柔軟な発想を持っていて、「会社の社員であれば上司の命令に従うのは当然。したがって、街が必要なことに学生を使ってもらうことでかまわない」とのことでした。「それなら振興組合の新人メンバーとして指導してしまえばいいんだ」となりました。通常ボランティアとして扱われる活動を授業として取り上げた大学の発想も斬新でした。

これがもし、ただイベントのときの下働きとして「モノを運べ」といった単純な仕事しか学生にさせていなかったら、やがて関係が終わったと思うのです。しかし、イベントをどう企画するのか。街の生業がどのように成り立っているのか。調べるだけでなく、自分たちが関与する。場合によってはつくってしまう方向にまで発展させたのです。

セザンジュの街案内はまさにそうです。そのことで街は治安を守り、学生はホスピタリティの勉強になる。また、イベントでフェイスペインティングをやろうなど、街のおじさんたちが思いつかないようなアイデアを持ち込んでもくれる。それに、若いお兄さんやお姉さんが接客してくれたほうが、雰囲気が和やかになるという魅力もあります。

自由が丘も他の街の例に漏れずメンバーの高齢化が進んでいます。その問題を学生が十分補ってくれているのです。両者にとって大成功だと思っています。

学生たちがイベントで実働部隊になってくれることは、参加する企業にとってもメリットがあります。市場調査やサンプリングを自由が丘で行うことも容易です。同時に学生は普通なら会えないような企業の広報担当者、社会貢献の事業に関わる人たちと直に会うことができて議論ができ、仕事を成し遂げることができる。それを授業の一環として学ぶことができる。八方いいことばかりです。

私が教えている授業は「地域プロモーション」と言い、街づくりそのものについてです。その授業で自由が丘の取り組みをいろいろな側面から話すうちに、街が進化している部分や過去のいろいろな出来事を再発見しました。せっかくここまで街が成長してきたことを、整理しておかないとやがて忘却の彼方に行ってしまいます。その前にしっかりと記録しておくべきだと考えたのが、本書をつくる動機でした。忘れ去られるにはもったいないほど紆余曲折も含めた歴史がこの街にはあるのです。そして、それを整理して統合することで、街の人たちはもちろん、自由が丘に街づくりの相談に来る人たちにも伝えたいと思っています。また、それは明日の自由が丘に継承されてゆくと思います。

岡田　一弥（おかだ　かずや）
1958年　生まれ
1981年　慶応義塾大学経済学部 卒業、東洋信託銀行 入行
1985年　同行退職後、岡田不動産代表取締役就任
同時期より、自由が丘商店街復興組合の諸活動に参加
2000年　同組合副理事長就任
2002年　街づくり会社（株）J-SPIRIT取締役就任
2010年　同組合理事長就任
2012年　産業能率大学客員教授就任
2015年　目黒区商店街連合会長就任

阿古　真理（あこ　まり）
作家・生活史研究家。1968年兵庫県生まれ。神戸女学院大学文学部を卒業後、広告制作会社を経てフリーになる。1999年より東京に拠点を移し、ルポやインタビュー、コラム、エッセイなどを手掛ける。食を中心にした暮らしや女性の生き方の現代史、写真などを主なフィールドにする。著書に『小林カツ代と栗原はるみ　料理研究家とその時代』（新潮新書）、『「和食」って何？』（ちくまプリマー新書）、『昭和育ちのおいしい記憶』（筑摩書房）、『昭和の洋食　平成のカフェ飯　家庭料理の80年』（筑摩書房）など

〈本文PHOTO・阿古 真理〉

『自由が丘』ブランド
自由が丘商店街の挑戦史

〈検印廃止〉

著　者　岡田　一弥・阿古　真理　共著
発行者　杉浦　斉
発行所　産業能率大学出版部
東京都世田谷区等々力6-39-15　〒158-8630
（電話）03（6432）2536
（FAX）03（6432）2537
（振替口座）00100-2-112912

2016年 10月31日　初版1刷発行
2019年 12月20日　4刷発行

印刷所・製本所　渡辺印刷

ISBN978-4-382-05738-8